宁波工程学院学术专著出版基金资助出版

基于商业生态系统视角的供应链金融研究

蔡强 著

中国财经出版传媒集团
中国财政经济出版社
北京

图书在版编目（CIP）数据

基于商业生态系统视角的供应链金融研究／蔡强著
．—北京：中国财政经济出版社，2023.11
ISBN 978 – 7 – 5223 – 2343 – 5

Ⅰ.①基… Ⅱ.①蔡… Ⅲ.①供应链管理－金融业务－研究 Ⅳ.F252.2

中国国家版本馆 CIP 数据核字（2023）第 119108 号

责任编辑：彭　波　　　　　责任印制：史大鹏
策划编辑：卜建辰　　　　　责任校对：徐艳丽

基于商业生态系统视角的供应链金融研究
JIYU SHANGYE SHENGTAI XITONG SHIJIAO DE GONGYINGLIAN JINRONG YANJIU

中国财政经济出版社 出版

URL：http：//www.cfeph.cn
E – mail：cfeph@ cfeph.cn

（版权所有　翻印必究）

社址：北京市海淀区阜成路甲 28 号　邮政编码：100142
营销中心电话：010 – 88191522
天猫网店：中国财政经济出版社旗舰店
网址：https：//zgczjjcbs.tmall.com
北京财经印刷厂印刷　各地新华书店经销
成品尺寸：170mm×240mm　16 开　9.5 印张　140 000 字
2023 年 11 月第 1 版　2023 年 11 月北京第 1 次印刷
定价：68.00 元
ISBN 978 – 7 – 5223 – 2343 – 5
（图书出现印装问题，本社负责调换，电话：010 – 88190548）
本社质量投诉电话：010 – 88190744
打击盗版举报热线：010 – 88191661　QQ：2242791300

前　　言

　　传统供应链管理主要关注供应链中信息流和物流的优化，缺乏对不完全市场条件下资金流优化的关注与研究，资金流约束逐渐成为制约供应链管理效率提升的瓶颈，急需解决之道。供应链金融作为一种供应链外部融资模式，是产业资本与金融资本结合创新的产物，其聚焦于优化供应链上下游的资金流动，在改善核心企业营运效率的同时，缓解供应链上下游中小型企业的融资约束，对企业发展和产业升级均具有极大的促进作用。近年来，企业间的竞争模式逐渐演化为以虚实结合、互补协同、竞合共生为特征的商业生态系统之间的竞争，基于商业生态系统可以实现对信息流、物流、资金流和商流的多流合一管理，但目前从商业生态系统视角资金流优化的理论研究还非常缺乏，供应链金融对商业生态系统的影响研究仍属初级阶段，具有极大的学术研究价值。

　　本书从商业生态系统角度出发，总结了供应链金融模式发展的平台化和生态化趋势，对于供应链金融平台及其融资业务在商业生态系统中的作用机制进行了研究。基于理论分析和实证研究，本书取得了如下研究成果：

　　（1）基于企业分工模式演变理论、商业模式理论、商业生态系统理论以及产融结合理论，对供应链金融平台模式进行了分析，构建了基于供应链金融平台的商业生态系统模型，对供应链金融平台在商业生态系统中的作用进行分析，剖析了信息流、物流、资金流如何基于供应链金融平台实现综合集成、整体优化。并基于"互联网＋供应链金融＋产业"三者之间的结合分析，论述了三者之间螺旋上升的发展关系。通过京东供应链金融生态和顺丰供应链金融生态的案例分析，阐述了供应链金融平台在商业生态系统中所发挥的作用。

（2）基于商业生态系统视角，针对供应链金融应用活跃的零售行业进行了调研和分析；对供应链金融在零售企业商业模式创新中的作用，特别是在资源整合和价值创造方面，进行了深入挖掘分析；提出了基于供应链金融的零售企业生态系统模型，探究了如何构建信息流、物流、资金流三流合一的零售价值网络。

（3）鉴于目前大部分供应链金融概念企业作为商业生态系统中的核心企业，均在打造各自的供应链金融平台，本书运用 DEA 方法对这些核心企业的融资效率进行分析，分析结果反映了供应链金融发展战略对商业生态系统中核心企业融资效率的正向影响；此外，通过与中小上市企业在运营能力和绩效表现方面的比较，在证实供应链金融发展战略正向影响核心企业的同时，发现中小型企业普遍存在融资约束问题。

（4）鉴于中小型企业在商业生态系统中面临的融资约束问题，本书最后基于中小上市企业的面板数据，从构建供应链金融发展水平综合评价指标出发，研究了供应链金融发展水平对中小型企业融资约束的影响。实证结果表明，供应链金融的快速发展有助于缓解中小型企业融资约束，商业信用在缓解中小型企业融资约束方面也可以发挥同等作用。

本书的研究特色和创新点体现在以下几个方面。

（1）从商业生态系统角度出发，对供应链金融在商业生态系统价值网络中的微观作用和宏观作用进行了深入分析，构建了基于供应链金融平台的商业生态系统模型，探究了信息流、物流、资金流、商流等如何在这一生态系统模型中实现综合集成、整体优化。

（2）基于已有的零售企业商业模式，从供应链金融角度构建了零售企业生态系统模型。基于商业生态系统中的价值创造、传递和获取过程，描绘了未来零售企业生态系统的图景，为零售企业商业模式创新指明了方向。

（3）从实证角度评价了作为核心企业的供应链金融概念企业在融资效率方面的表现，发现"供应链金融"概念热度与企业融资效率间具有匹配关系，并从与中小型企业的比较中，证实了供应链金融发展战略有助于提升核心企业运营能力和融资能力。

（4）本书创新性地构建了供应链金融发展水平综合评价指标，更为准确地评价了近年来国内的供应链金融发展水平，解决了已有研究的评价偏误问题；通过将供应链金融和商业信用同时纳入现金—现金流敏感性模型，论证了供应链金融发展对中小型企业融资约束的缓解作用。

作 者
2023 年 3 月

目 录

第1章 导言 ··· 1
  1.1 研究背景及意义 ·· 1
  1.2 研究现状与评述 ·· 3
  1.3 研究内容与研究方法 ·· 10
  1.4 研究特色和创新点 ··· 13

第2章 供应链金融模式及其特征分析 ·································· 15
  2.1 供应链金融模式分析 ·· 15
  2.2 供应链金融模式发展趋势 ··· 25
  2.3 本章小结 ··· 27

第3章 基于供应链金融平台的商业生态系统理论研究 ········· 29
  3.1 理论回顾 ··· 29
  3.2 基于供应链金融平台的商业生态系统 ························ 39
  3.3 "互联网+供应链金融+实体产业"的螺旋式发展 ········ 53
  3.4 本章小结 ··· 55

第4章 产融结合模式的演化路径的研究——基于供应链金融视角 ········· 57
  4.1 产融结合发展概述 ··· 57

4.2 产融结合相关理论基础 ………………………………………… 59
4.3 产融结合模式的演化路径 ……………………………………… 61
4.4 产融结合相关案例分析 ………………………………………… 65
4.5 本章结论与管理启示 …………………………………………… 70

第5章 基于供应链金融平台的零售企业生态系统模型研究 …………… 71

5.1 引言 ……………………………………………………………… 71
5.2 零售企业商业模式演化 ………………………………………… 72
5.3 零售企业生态系统模型 ………………………………………… 77
5.4 案例研究 ………………………………………………………… 83
5.5 本章小结 ………………………………………………………… 87

第6章 基于DEA的供应链金融企业融资效率研究 …………………… 90

6.1 引言 ……………………………………………………………… 90
6.2 文献综述 ………………………………………………………… 91
6.3 研究设计 ………………………………………………………… 92
6.4 实证结果分析 …………………………………………………… 98
6.5 扩展分析 ………………………………………………………… 101
6.6 本章小结 ………………………………………………………… 103

第7章 供应链金融发展对于中小型企业融资约束的影响研究 ………… 105

7.1 引言 ……………………………………………………………… 105
7.2 文献回顾 ………………………………………………………… 106
7.3 研究假设及模型选择 …………………………………………… 109
7.4 供应链金融发展指数构建 ……………………………………… 111
7.5 实证分析与检验 ………………………………………………… 113
7.6 本章小结 ………………………………………………………… 118

第8章 基于商业生态系统视角的中小型企业融资约束问题及对策 ………… 120

8.1 金融供给与小微企业需求不匹配 …………………………………… 120
8.2 增强金融体系服务小微企业能力的对策 …………………………… 121
8.3 发展供应链金融服务小微企业 ……………………………………… 124
8.4 研究展望 ……………………………………………………………… 126

参考文献 …………………………………………………………………… 128
后记 ………………………………………………………………………… 142

第 1 章

导 言

1.1 研究背景及意义

纵观中小型企业发展历程,融资难、融资贵始终制约着企业的经营和发展。根据国家统计局的统计,近年来,我国中小工业企业的应收账款净额快速增长,截至 2015 年底已达到 56991 亿元(见图 1.1)。随着 2008 年后全球金融环境的恶化,虚拟经济泡沫破裂导致实体经济不振(李晓西和杨琳,2000),供应链中的核心企业普遍延长了对上游供应商的应付账款周期,同时不断压缩下游企业的应收账款周期,上下游中小型企业的资金流压力剧增。而且由于信

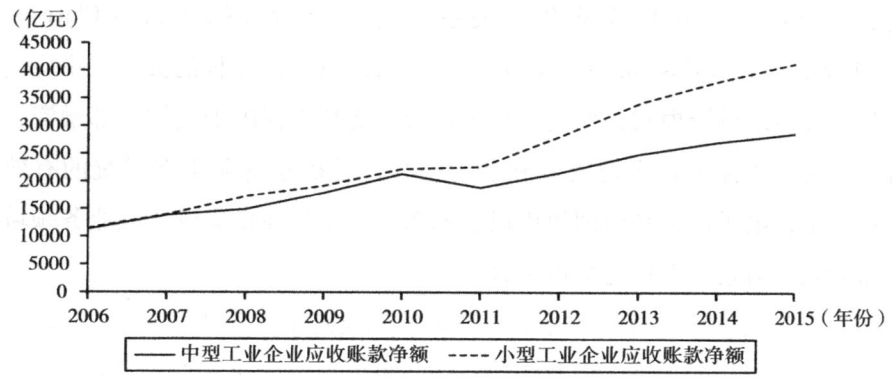

图 1.1 中小工业企业应收账款净额

数据来源:国家统计局网站。

息不对称、代理问题以及融资交易成本问题，供应链中的中小型企业难以获得银行等金融机构的信贷融资。根据中国人民银行的统计数据，获得银行信贷支持的中小型企业仅为10%左右。中小型企业不得不寻求高成本的信贷融资，融资约束已成为制约企业乃至供应链运营绩效提升的瓶颈。

随着企业分工模式的演变，价值增量较少的原材料供应、生产制造等环节向经济和金融欠发达地区转移，这些地区的供应链成员受限于自身实力和融资环境，资金流出现融资约束，随着传统供应链管理在信息优化和物流优化的边际效益递减，供应链管理出现短板效应，影响着整个供应链的运营效率。因此，供应链管理的重心开始转变为基于财务供应链的信息流、物流、资金流的综合集成和优化，特别是在利用外部融资支持供应链内部成员发展方面（Pfohl and Gomm，2009）。

自 20 世纪 80 年代以来，随着新技术、新理念的发展和应用，经济结构、生产模式和服务模式均悄然发生着变化，体现为供应链和价值链的变革，企业之间的竞争转变为供应链之间的竞争（Vokurka et al.，2002）。特别是随着商业生态系统理念的发展，供应链之间的联系越来越紧密，价值链逐渐向价值网络转变，竞合关系逐步取代单一的竞争关系，不同的利益关系体相互关联构成了商业共同体，成为企业生存发展的基础（Allee，2000；Peppard and Rylander，2006）。从供应链管理向生态系统管理的转变过程中，如何实现信息流、物流、资金流、商流有效整合是关系生态系统绩效的关键（Clarysse et al. 2014；Gawer and Cusumano，2014），也是解决资金流短板的关键。供应链金融作为一种新的融资模式，对商业生态系统的支持不仅限于提供外部融资，其还可以作为系统性平台实现资源和能力整合，是搭建商业生态系统的有效工具。近年来，电子商务平台阿里巴巴、京东、苏宁等在供应链金融业务领域的战略布局正是对这一发展趋势的佐证。

但迄今为止，基于商业生态系统视角的供应链金融学术研究还非常缺乏，相关理论研究对企业未来如何基于商业生态价值网络构建核心竞争力具有重要的指导意义。在此背景下，本书拟从生态系统视角出发，定性研究与定量研究相结合，通过梳理供应链金融发展模式和趋势，构建基于供应链金融平台的商业生态系统分析框架，深入挖掘供应链金融在商业生态系统中的作用机制，对代表企业基于供应链金融平台搭建商业生态系统的实践进行总结分析，弥补现有理论研究的不足，为企业实践创新提供理论支撑。

1.2 研究现状与评述

自 2003 年深圳发展银行提出"1 + N"的供应链金融（Supply Chain Finance，SCF）概念以来，这一概念引起了国内企业界和学术界广泛研究。在供应链金融概念之前存在着财务供应链（Pfohl and Gomm，2009）、贸易融资、仓单质押等概念及融资业务。真正意义上的供应链金融概念始于"供应链管理"思想提出之后。历经多年发展，学者们已从供应链金融概念、业务模式、影响机制、风险管理等角度进行了大量研究，但仍缺乏从商业生态系统视角对供应链金融作用机制以及影响程度的研究。

1.2.1 供应链金融概念界定

经过十多年的发展和研究，学术界对供应链金融概念的含义已达成较多共识。Hofmann（2005）将供应链金融定义为供应链中两个以上组织（包括外部服务提供商）通过计划、配置和控制跨组织的资金流来共同创造价值；供应链金融的任务是通过优化供应链中的资金流动或借助全新的融资理念来降低融资成本。Pfohl 和 Gomm（2009）将供应链金融界定为企业间融资流程的优化，通过将客户、供应商和服务提供商等整合，实现协作共赢，提高所有参与企业的价值。Lamoureux 和 Evans（2011）认为供应链金融解决方案是技术解决方案和金融服务方案的结合，将全球价值链中的原料供应商、制造商、金融机构以及技术服务提供商等紧密相连；旨在通过降低交易成本，提高全球价值链中所有参与者的可见性、可用性、交付速度，降低现金成本，提高财务供应链的有效性；并且该模式区别于传统外部融资的一点是聚焦于价值链中的贸易活动。胡跃飞（2007）将供应链金融定义为银行融资业务创新的一种；与传统融资业务的区别在于，供应链金融是依据供应链上的真实贸易活动以及供应链中核心企业的信用担保，以贸易活动产生的未来现金流直接偿还贷款，同时银行的短期金融业务产品被整合在融资方案中。闫俊宏（2007）认为供应链金融是一种产业资本与金融资本的协作组合，是由银行和企业共同构成的一个以互利共存为基础的产业生态。冯瑶（2008）将供应链金融定义为商业银行等金融机构结合供应链上下游企业间的交易活动，在企业订单采购、原材料供应、生产制造和销售货物等环节提供的有针对性的各种融资方案以及一揽子金融工具组合，在盘活企业资金流的同时提高供应链管理的质量和效率。鲍旭红（2009）认为供应链金融是基于供应链结构和特点，依托核心企业的信用或者交易结构的自偿机制，利用信用组合和业务模式创新，为供应链上下游企业提供的融资服务。

综上所述，供应链金融是一种利用外部融资的创新性模式，主要以供应链中核心企业或者焦点企业的信用为依托，以交易活动的真实性和自偿性为保障，引入流动性提供者、物流服务商等外部利益相关者，利用金融工具组合，降低信贷融资的风险，为供应链上下游企业提供的融资服务。从供应链金融的定义可以看出，其在以下四个方面进行创新。

一是在融资风险管理方面的创新。研究如何利用模式创新、流程创新、金融产品创新，从传统的单一企业信用风险评估转向基于供应链交易结构和价值链的分析，从基于财务报表的分析转向交易活动评估，降低了企业融资申请在抵押物、第三方担保、企业信用等方面的高标准要求。通过信用关联和交易自偿，有效拓展了融资服务范围，实现了信贷风险管理模式的创新。

二是在金融资源配置方面的创新。在传统金融体系中，金融资源普遍流向信用基础好、抵押担保充足、经营管理规范的大型企业，但大型企业由于处于规模效益递减阶段，因此其对资金的需求和使用效率都比较低，而处于规模效益递增、融资需求旺盛的中小型企业则由于信用基础差、抵押担保不足、信息批露不完善、规模小等原因难以获取发展急需的金融资源。供应链金融的出现实现了对金融资源的重新配置，在解决了信贷风险问题之后，金融资源追逐价值增值不断流向中小型企业，有力地缓解了中小型企业的融资约束问题。

三是在价值链管理方面的创新。在原有的供应链管理中，上下游企业占据价值链的不同位置，具有不同的分工任务，相互之间的联系以商品交易为主，难以打破企业之间的"信息孤岛"，上下游企业间的需求信息和生产信息主要依赖个体预测以及基于订单的决策，导致需求、生产的"牛鞭效应"（李刚等，2004）。在供应链金融的推动下，以资金流优化为契机打破供应链上下游企业之间的组织界限和信息壁垒，建立企业间的信息系统（如ERP系统）的互联互通机制，以信息系统支撑商品和资金流动，价值创造的形式从个体分工转变为价值链整体的协作。供应链上下游企业之间的联系更加紧密，盈利来源除了传统的销售利差之外，金融工具的引入还带来了更多的需求以及丰富的资本增值途径。

四是在商业模式上的创新。供应链金融是一种产业资本与金融资本的结合模式，是基于信息系统搭建的平台，是资金融通的中介。不同于金融企业，非金融企业也可以基于供应链或产业链打造多边交易的供应链金融平台，降低平台参与者之间的交易成本，降低中小型企业的融资成本，形成多方共赢的竞合生态。

1.2.2 供应链金融模式研究

供应链金融模式的研究一直是供应链金融领域的一个研究焦点，透过模式的分类阐述，可以更清晰地识别供应链金融的发展模式和趋势。在对供应链金融模式的分类方面，既有基于主导企业分类的银行主导型、核心企业主导型、电商平台主导型、物流服务商主导型、信息服务商主导型，也有基于融资业务模式分类的预付款融资模式、存货融资模式、应收账款融资模式等（胡跃飞和黄少卿，2009）。

目前，对于供应链金融模式的研究主要集中于参与主体以及业务流程的分析。Xu和Wang（2009）分析了基于应收账款融资的供应链融资模式，应用数学模型分析了其对中小型企业的融资支持。Fellenz 等（2009）从信息技术服务商的角度分析了供应链金融模式的演化过程，指出供应链金融发展对信息技术的高度依赖性。Hofmann（2009）分析了物流服务商主导的库存融资模式，该业务模式有利于提升供应链上下游企业的库存周转速度。张晓霞（2008）探讨了商业银行主导的供应链融资模式中，提出了基于应收账款担保的资产支持类融资模式。李瑞（2010）从供应链融资特点角度，分析了应收账款融资和库存融资的主要特点和流程。彭磊和郑晗（2011）探讨了汽车行业的供应链金融模式，以及其对企业融资约束的影响，得出供应链金融业务有助于缓解汽车供应链下游企业融资约束，增大了下游企业的订单量。汪传雷和王栋梓（2014）分析了基于线上平台和物流服务商的供应链金融运作模式，指出两者在实现供应链上下游企业间衔接方面的重要作用。郭菊娥等（2014）探讨了线上供应链金融模式中的电子仓单融资模式流程及其风险要素，指出电子仓单融资有利于提升企业的动产质押融资能力。杨斌等（2016）探讨了在供应商主导的供应链金融模式中，商业贷款和商业信用的融资模式不如供应链金融融资模式能够更好地提升企业的运营效率。何瑛等（2016）探讨了以京东为代表的自营电商主导型供应链金融模式，强调了互联网和大数据在该模式中的关键作用。邹宗峰等（2016）探讨了以数据质押为特点的供应链金融模式，指出大数据是未来供应链金融平台的核心竞争力之一。

综上所述，供应链金融属于供应链外部融资业务，主要是应收账款融资、库存融资、订单融资等短期融资业务，涉及商业银行、第三方物流企业、信息服务提供商等外部参与者。

1.2.3　供应链金融对供应链运营的影响

目前关于供应链金融影响机制的研究，主要集中在两个方面：一是集中于企业存在融资约束情况下，供应链金融作为外部融资对于企业运营的影响；二是集中于供应链金融对供应链协调的支持作用。

供应链金融作为一种外部融资业务对于企业融资约束具有一定的缓解作用，进而影响企业的运营活动。Xu和Birge（2004）基于报童模型，研究了在自有资本与银行融资并存的资本结构中，破产成本对于企业库存决策的影响。Buzacott和Zhang（2004）探讨了银行基于自身利润最大化决策下的贷款利率对于资金约束条件下企业最优订货量的影响进行了研究。Hertzela（2008）分析了供应链网络中节点企业在面临融资约束情境时，企业个体对于供应链整体价值创造流程产生的冲击。Randall和Martin（2009）指出供应链金融有助于降低供应链成员间的交易成本，提升供应链的整体利润率。Babich（2010）探析了下游制造商向存在破产风险的上游供应商提供最优订货量以及财务补贴的策略，这两种供应链内部融资模式有助于提升供应商运营效率。Fabbri和Menichini（2010）研究指出，供应链上游供应商更愿意提供原材料价格折扣和赊销策略，而非现金形式的延期付款，而且供应链下游企业的提前还款和预付款支付可以有效地降低供应链上游供应商的资金约束，保证供应链的正常运转。Kouvelis和Zhao（2011）讨论了存在破产成本的情况下，资金受约束的企业在寻求外部融资时，其自有资金和质押物对于企业订货和融资决策的影响。Thangam（2014）探讨了基于预付款的多周期供应链的批量订货问题，指出预付款有助于提升供应链的多周期订货量。Zhao和Huchzermeier（2015）的研究也指出，在运营和财务部分替代和互补的情况下，供应链上下游企业的集中决策较独立决策更有优势，供应链企业间的财务协同有助于提升供应链的运营效率。

供应链金融作为服务供应链上下游整体的一种产融结合模式，与信息流、物流整合有助于协调供应链上下游的利益矛盾。在传统供应链管理中，基于完全市场假设，企业可以快速地从金融市场获取发展所需资本，忽略了不完全市场条件下的融资约束问题，资金流成为供应链管理的短板，供应链财务与运营的联合决策才是进一步提升供应链管理水平的关键（Guillen et al.，2007）。Mathis和Cavinato（2010）研究指出，供应链上的大型企业可以利用自身的信用和信息优势缓解中小型企业因信用缺失和信息不完善所导致的融资约束问题。Raghavan和Mishra（2011）研究指出，当供应链上下游企业均存在资金约束时，外部融资机构从供应链角度提供的整体融资方案要优于针对上下游企业的独立融资方案。Auboin 等（2016）研究证实，在全球价值链中的中小型企业在供应链金融的支持下，贸易活动得以提升。徐贤浩等（2011）研究供应链金融模式下允许延迟支付情况下，有助于提升订货商的订货量。鲁其辉等（2012）研究指出供应链应收账款融资有助于降低供应链上下游企业的生产波动，提升供应链的连续生产能力。占济舟等（2014）研究了制造商和零售商组成的二级供应链中，集中决策下的制造商更倾向于应收账款融资。

综上所述，对于供应链运营融资影响的研究主要是基于内部融资和外部融资两个视角。内部融资是指供应链上下游企业间的贸易信贷，这种短期融资手段是目前大部分国内企业的运营资本主要来源。内部融资虽被视为供应链协调的有效手段，但往往只是资金压力从供应链下游向上游的转移，并未解决供应链整体的融资约束问题。外部融资则通过第三方融资渠道（如银行、小额信贷企业、互联网信贷企业、第三方供应链金融平台等）为供应链参与者之间发生的交易活动提供资金支持，有助于提升供应链运营活动弹性（如供应弹性、流程弹性、需求弹性、时间弹性等）和供应链财务弹性（企业获取和重构低成本融资的能力），提升了供应链资金周转速度，降低了供应链融资成本，优化了供应链资金流管理。此外，利用供应链金融可以有效降低库存，提升企业的运营能力，进而降低供应链生产的波动性，增强生产与需求匹配水平，协调供应链就上下游企业间的生产、运输、销售以及利益分配。

1.2.4 供应链金融风险管理

供应链金融作为一种产业资本与金融资本跨界结合的产物，具有金融资本的基本属性，即风险厌恶性。有效的风险管理是供应链金融模式创新的本质，也是供应链金融研究的重点问题之一。

供应链金融风险具有复杂性和多元性的特点（Sunil，2004）。与金融市场的金融风险类似，在供应链金融业务中也存在着系统性风险和非系统性风险，其中，系统性风险是由宏观经济以及行业属性所决定的企业还款能力波动导致的融资风险，非系统性风险是指由企业自身在战略发展、管理水平、业务活动中所产生的难以偿还融资贷款的风险（王建和何娟，2016）。系统风险的管理需要融资提供方在融资授信之前对宏观经济环境、法律环境、行业环境进行分析，制定有针对性的风险规避及对冲策略。而对于非系统性风险，则可以通过对供应链、企业、交易的分析进行有效规避。此外，依据供应链金融风险的特点，针对供应链金融风险管控的策略有别于传统融资授信的一点是对核心企业资信的扩展机制，即利用核心企业在供应链中的强控制力，将核心企业引入对上下游中小型企业的信贷审核流程中，从单一企业的信用审核转为供应链整体的信用审核，发挥核心企业信息倍增器的功能，并且从对交易单元的分析转变为对交易活动的审核（刘长宏等，2008）。随着近年来供应链金融业务范围的扩大，供应链金融的风险来源也更加多元化，且风险之间的相互关联提高了风险管理的复杂性，对供应链金融平台在信息收集和分析能力方面提出了更高的要求。

供应链金融业务的融资来源决定了风险管理要从供应链内部融资和外部融资两个视角进行有效管理（秦云霞，2013）。供应链内部融资主要是供应链上下游企业之间以赊销、延迟付款等形式形成的以交易信用为基础的商业信用（窦亚芹和朱金福，2014）。供应链外部融资主要是通过外部融资提供方（如商业银行），基于供应链的交易结构提供诸如应收账款融资、库存融资、应付账款融资等信贷融资（李宏和彭芳春，2008）。内外部融资的风险特点决定了其风险管理手段区别于外部融资风险管理。内部融资主要依赖于企业之间的商业信用，因此商业信用风险管理的要点在于增强供应链上下游企业之间的关联程度和信任程度，需要商业信用提供方与被授信方形成长期稳定的交易关系，才能依托过去的交易记录形成商业授信基础，这一融资风险具有较高的不可控性，需要供应链上下游具有较高的协作水平，也需要商业信用提供方具有充足的资金储备，因此内部融资在商业信用基础薄弱的供应链以及资金流约束较强的供应链中很难开展。相比较而言，外部融资则主要依托于融资信贷在供应链中封闭流动为管理机制,以交易自偿为保障,强调核心企业对上下游企业的增信倍增器作用,无需供应链具备高度的协作水平或者充足的富余资金,通过交易融资的封闭性处理就可以保障融资贷款的偿还,因此其市场范围和适用性都比较广泛。

1.3　研究内容与研究方法

1.3.1　研究内容与框架

供应链金融作为一种融资创新模式,在改善核心企业营运效率的同时,极大地缓解了产业链上下游企业的融资约束。随着物流、信息流、资金流、商流等在生态价值网络中的整合和优化,以虚实结合、协同共存、竞争合作为特征的商业生态系统已成为企业获取竞争优势的源泉。本书从商业生态系统层次,对供应链金融在商业生态系统中的作用机制,特别是对企业融资效率和融资约束的影响开展研究,各章的主要研究内容如下。

第1章,主要介绍研究问题的背景,以及研究问题的理论价值和实践价值,对于已有的学术研究进行了总结评述,概括研究问题的开展思路,以及所采用的研究方法,并总结全书的创新点。

第2章,从主导企业类型和融资业务类别两个角度,对各类供应链金融模式和业务的架构和流程进行梳理,并从中梳理出供应链金融模式的特点和发展趋势,说明了供应链金融研究的创新点在于平台化与生态化的结合研究;通过分析供应链金融的平台化和生态化趋势对于未来商业生态的重要影响,从而引出对供应链金融和商业生态系统两者关系的研究。

第3章,基于供应链金融发展的平台化和生态化趋势,首先,分析了供应链金融平台模式,阐述了该平台的运行机理;其次,探究了供应链金融平台在商业生态系统中的作用机制,分析了如何基于供应链金融平台实现商业生态系统中价值的创造、传递和获取;最后,从产业资本与金融资本相结合的角度,分析了供应链金融在实体业务与金融业务整合方面的有效性，并基于京东供应链金融平台和顺丰供应链金融平台两个案例研究，对供应链金融平台在商业生态系统中角色和作用进行了论述。

第4章，从企业生态系统视角，对供应链金融业务应用活跃的零售行业进行了调研和分析，识别出制约零售供应链的资金流约束问题，对供应链金融在零售商业生态系统中所发挥的作用，特别是在价值创造和资源整合方面的作用，进行了深入分析，提出了基于供应链金融的零售企业生态系统模型，剖析了零售企业如何以资金流优化为契机，通过供应链金融平台搭建企业生态系统，整合和优化供应链内外部资金流资源，对零售供应链内部价值创造流程进行变革创新，实现零售企业商业模式的创新。

第5章，鉴于目前大部分供应链金融概念企业作为商业生态系统中的核心企业，均在打造各自的供应链金融平台，本书运用DEA方法对这些核心企业的融资效率进行分析，分析结果反映了供应链金融发展战略对商业生态系统中核心企业融资效率的正向影响；此外，通过与中小上市企业在运营能力和绩效表现方面的比较，在证实供应链金融发展战略正向影响核心企业的同时，发现中小型企业普遍存在融资约束问题，但无法证明供应链金融对中小型企业融资约束的影响如何。

第6章，由于中小型企业在商业生态系统中面临的融资约束问题，本书最后基于中小上市企业的面板数据，从构建供应链金融发展水平综合评价指标出发，研究了供应链金融发展水平对中小型企业融资约束的影响程度；从实证角度论证供应链金融发展对缓解中小型企业融资约束的正向作用。同时通过将商业信用纳入面板回归模型，检验了供应链内部融资方式"商业信用"在缓解中小型企业融资约束方面所发挥的作用，并基于实证结果给出了管理建议。

第7章，对全书的总结和展望，在总结归纳本书的主要研究内容和结论的基础上，对未来的研究方向和问题进行了展望。

本书研究框架如图1.2所示。

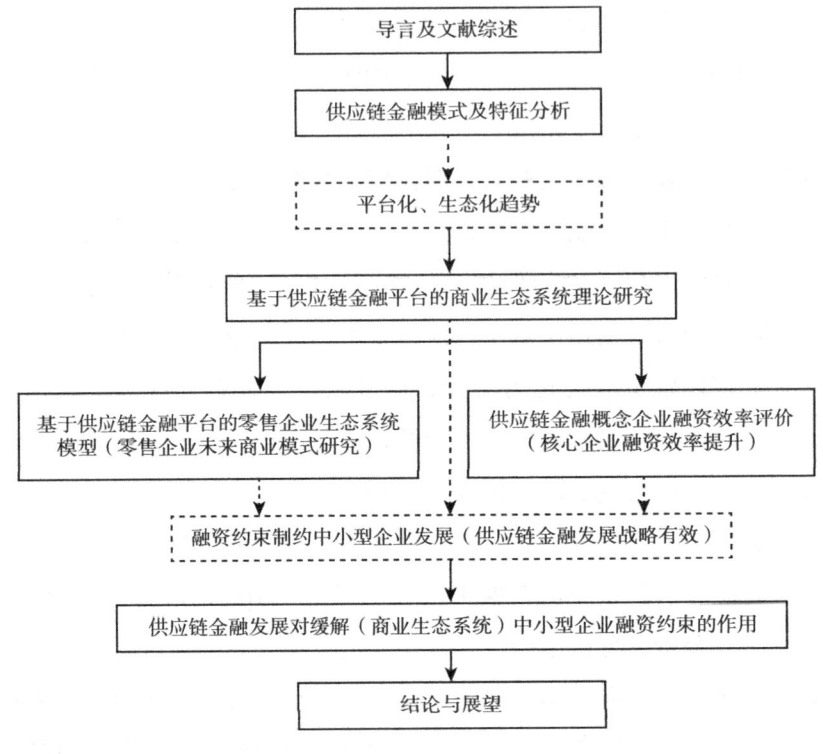

图 1.2 本书研究框架

1.3.2 研究方法

在研究方法选择上，本书采用定性分析与定量分析结合的方法。综合运用比较分析、归纳推理、案例研究以及实证研究等方法，从企业生态系统视角，深入分析供应链金融在企业商业生态系统中的角色和作用机制。

（1）文献归纳与总结。首先整理归纳了国内外有关供应链金融定义、模式、影响机制和风险管理等方面的文献资料，指出供应链金融最基础的功能是缓解企业的融资约束，现有研究不足之一是缺乏从生态视角的理论分析；文献归纳和总结为定性分析供应链金融商业模式、商业生态系统指明了方向，对于从定量分析供应链金融在缓解中小型企业融资约束方面的作用提供了充实的理论基础。

(2) 理论模型构建与案例分析相结合。本书基于已有的理论和文献，对供应链金融平台商业模式进行了分析，构建起基于供应链金融平台的商业生态系统模型，对模型中信息流、物流、资金流、商流等多流整合机制进行了分析，并以京东供应链金融平台和顺丰供应链金融平台两个典型案例的研究对所提出的理论模型进行了论证。此外，聚焦供应链金融应用活跃的零售行业，对于零售企业的商业生态系统如何整合供应链金融进行了探究，提出了零售企业生态系统模型，并结合福建见福零售企业案例研究进行了说明。

(3) 实证研究。本书首先选取上市供应链金融概念股企业 2011~2015 年的面板数据，运用 DEA 模型分析了这些上市企业的融资效率，并通过与中小上市企业整体平均水平的比较，发现了制约中小型企业融资效率提升的关键性原因是融资约束问题。其次，基于中小上市企业的面板数据回归模型分析，对供应链金融发展能否缓解中小型企业的融资约束问题进行了实证分析，同时还探究了商业信用对于融资约束的影响，为本书所提出的理论模型提供了实证支持，增强了理论模型的科学性和说服力。

1.4 研究特色和创新点

本书在文献综述和理论研究的基础上，对供应链金融模式及其在商业生态系统中的作用进行了研究，并基于实证研究验证了供应链金融对于核心企业的促进作用，以及中小型企业的融资约束的缓解作用。本书的主要特色和创新点如下。

(1) 研究视角方面，本书创新性地从生态系统视角出发，研究了供应链金融在商业生态系统中的角色和作用机制。从供应链金融模式发展现状出发，梳理了供应链金融发展的趋势"线上平台化 + 生态化"，供应链金融业务价值的创造过程依赖于信息流、物流、资金流的有机结合，以及价值网络中参与者的协作。本书从商业生态视角分析了互联网、产业资本与金融资本三者如何在供应链金融这一概念下实现相互结合，跨越组织边界和业务边界，将生态系统的各个业务子系统有机结合在一起，形成相互配合、相互促进的共生业务系统。此外，本书还首次基于供应链金融商业生态系统对京东供应链金融平台和顺丰供应链金融平台进行了案例剖析，有力论证了基于供应链金融平台的商业生态系统在整合内外部资源和能力、实现价值再造方面的巨大潜力。

（2）以与供应链金融联系紧密的零售行业为研究对象，创新性地对供应链金融如何变革现有的零售商业模式进行了理论探索，提出了基于供应链金融的零售企业生态系统模型，分析了在新的生态系统模式下，核心企业如何构建基于生态系统的核心能力，以及参与各方在价值的创造、传递和获取过程中如何实现资源和能力互补、利益协调，最终达到协同共生状态，本书结合福建见福零售企业案例研究进行了阐述。

（3）实证研究视角创新。本书首创性地基于供应链金融概念股企业的面板数据，利用DEA方法评价了供应链金融概念企业在融资效率方面的表现，发现了"供应链金融"概念热度与企业融资效率之间匹配关系，并从与中小型企业总体的对比中，证实了供应链金融发展战略对提升核心企业的运营能力和融资能力的显著作用。

（4）本书创新性地构建了供应链金融发展水平综合评价指标，更为准确地评价了近年来国内的供应链金融发展水平，解决了原有研究对供应链金融发展水平评价存在的偏误，通过将供应链金融和商业信用同时纳入对现金—现金流敏感性分析模型中，论证了供应链金融和商业信用在缓解中小型企业融资约束方面的显著作用。

第 2 章

供应链金融模式及其特征分析

近年来,供应链金融快速发展,大量非金融企业纷纷涉足该领域,模式创新和业务创新涌现,但对供应链金融发展的趋势还缺乏梳理。因此,本章对现有的供应链金融模式和业务进行了总结梳理,分析了各种供应链金融模式的特征及差异,指出了供应链金融的平台化和生态化发展趋势,进而为后面的理论分析和实证研究打下基础。

2.1 供应链金融模式分析

供应链金融作为产业资本与金融资本跨界融合的一种产物,主要立足于供应链交易结构,依靠核心企业的隐性背书,满足供应链上下游中小型企业年化成本20%以下的融资需求,缓解中小型企业的融资约束,加速供应链中的资金周转速度。目前对于供应链金融模式的分类主要有两种视角:一种是依供应链金融主导企业进行分类;另一种是根据供应链融资业务及供应链流程进行分类。

2.1.1 依主导企业分类

供应链金融的发展已历经数十年,按照主导企业的差异可以分为:银行主导模式、核心企业主导模式、物流企业主导模式、信息服务商主导模式、电子商务平台主导模式。

（1）银行主导模式。

银行开展供应链金融业务相比较其他组织有其独特的优势，如充裕的资金、完善的支付结算体系、专业的金融知识以及大量的客户群体。银行传统的贸易融资、汇票贴现是供应链金融的一部分，但这些传统融资服务在信贷评估机制、授信还款来源自偿性、信息收集等方面与供应链金融融资还有较大差异。首先，在信贷评估机制方面，传统融资服务主要基于财务报表、企业整体信用水平以及行业地位等对核心企业进行评估，而中小型企业由于信息不对称、信息收集难、监管难等原因，缺少有针对性的融资服务。其次，在贷款偿还来源方面，传统融资服务的还款来源主要是授信企业的信用还款或质押品变现，而供应链金融模式下的还款来源采取封闭式操作，由下游企业的应付账款直接偿还。另外，在供应链信息收集方面，在传统融资业务中，由于银行主要服务于核心企业，因此其收集的信贷信息只限于供应链中的核心企业，并且主要是财务数据，很少涉及交易活动数据。

银行主导的供应链金融模式（见图2.1）中银行作为核心组织，通过搭建供应链金融信息平台，将传统的贸易融资、贸易结算等部分业务转移到该平台，通过该平台连接供应链上下游的企业，服务对象包括全行业，服务内容包括上下游预付账款融资、应收账款融资、库存融资等。基于供应链金融理念，将信息服务商、物流服务商、担保企业、保险企业等相关方集中于电子平台，服务于企业的融资需求。在风险管理方面，大部分商业银行在总部层次设立了

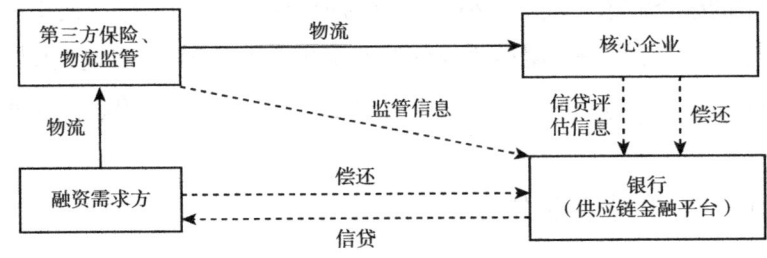

图2.1　银行主导的供应链金融模式

资料来源：作者绘制。

相应的独立部门，并在建设前中后台协作的业务模式流程，整合相关资源和能力。

随着互联网、大数据等新技术的发展，商业银行在逐步打通传统业务与供应链金融之间的隔墙，利用信息技术搭建供应链金融平台，拓展服务客户群，特别是基于原有的核心企业客户。目前，包括国有五大行内的商业银行普遍在布局供应链金融业务，如工商银行推出了"易融通""供应链金融服务平台"，农业银行推出了"E商管家"，中国银行推出了"融信达""融易达""融货达""融通达"等业务平台，建设银行推出了"e贷款"，交通银行推出了"蕴通供应链""快易链"，招商银行推出了"点金企业金融""智慧供应链金融""U–BANK电子供应链金融平台"，平安银行推出了"橙e网"，光大银行推出了"阳光贸易融资"，兴业银行推出了"金芝麻""汽车金融"等平台及业务。

银行主导的供应链金融业务不但涵盖中小型企业增信和融资便利，还纳入了支付结算、现金管理和资产管理等服务，将线上供应链金融、跨境供应链金融、绿色供应链金融等理念全部融入供应链金融业务发展过程中。银行在发展供应链金融业务方面，不仅追求提供融资服务，更有意通过这一理念整合商业银行现有的各个业务单元、服务功能，实现信贷融资、支付结算、账户管理、现金管理、资产管理等业务的融合，提供一体化的供应链金融综合服务体系。

银行打造的供应链金融综合平台旨在以供应链金融带动资产类业务，以企业理财、资金池等负债类业务为依托，以集中代收付、第三方存管等支付结算类业务为纽带，为供应链提供了集融资、支付、增值服务为一体的全面服务，以实现对供应链金融服务的深化。通过打造具有特色的供应链金融平台，与核心企业和物流企业开展在线合作，实现信息流、物流和资金流的整合，为供应链中上下游客户提供在线供应链金融服务。

（2）供应链核心企业主导模式。

核心企业由于是供应链中的关键一环，与供应链上下游企业发生着直接交易活动，对于供应链具有较强的掌控力，深耕供应链的基础确保了核心企业对于上下游企业信息的可获得性和资金流的控制力，因此其在发展供应链金融方面具有极大的天然优势。

在以核心企业为主导的供应链金融中（见图2.2），供应链金融平台由核心企业搭建，资金提供方既可以是商业银行等金融机构，也可以是核心企业等资金富余的非金融企业，资金需求方主要是与核心企业发生直接或者间接交易活动的中小型企业。核心企业搭建这一平台的本意主要是为了缓解上下游企业的融资约束问题。有融资需求的上下游企业可以将应收账款或者库存向平台申请融资贷款，其中应收账款只需要平台确认其真实性就可以按照其风险水平予以及时放款，贷款的发放可以由商业银行在平台确认后立刻完成；但库存由于流动性、审核、监管方面的问题，需要核心企业确认采购或者物流公司进入担当监管者和担保者才能获得外部融资机构的贷款。此外，预付账款也可以通过该平台获得融资，但需要以预付款采购的商品为担保，物流企业或者核心企业充当商品的看管员，采购方需要用预先销售的收入赎回这些质押商品。

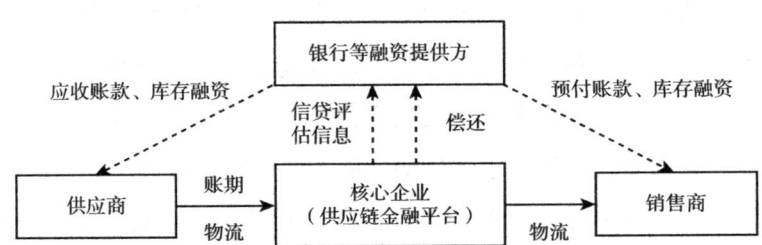

图 2.2　核心企业主导的供应链金融模式

资料来源：作者绘制。

但核心企业主导的供应链金融平台往往限制于某一供应链或者行业。核心企业往往只在某一供应链或者产业链中占据优势地位，在跨供应链、跨行业拓展供应链金融业务时往往受到极大的限制。例如，上海钢联搭建的供应链金融平台就专注于钢铁这一细分行业，尤其上海钢联在行业、供应链中的重要地位，该平台积累了大量的参与者，形成了长时期的大量交易数据，基于这些交易数据以及封闭的B2B交易结构，该平台的供应链金融业务可以有效地降低信贷风险，因此获得了银行的巨额信贷额度支持，成为该平台客户融资的主要资金来源。

(3)物流企业主导模式。

物流企业主导的供应链金融模式（见图2.3）主要定位于为供应链上下游企业间的物资流动提供流动性融资。物流是供应链上下游企业间商品交易产生的物资流动，物流企业一般深耕多条供应链，且客户群纵跨供应链上的多个层级，因此其可以发展服务多供应链、多行业的供应链金融业务。作为物流服务的提供者，物流企业除负责物资运输以外一般还涉及仓储服务，因此目前物流企业提供的供应链金融业务主要是代收账款融资、在途物流融资、库存融资等业务。

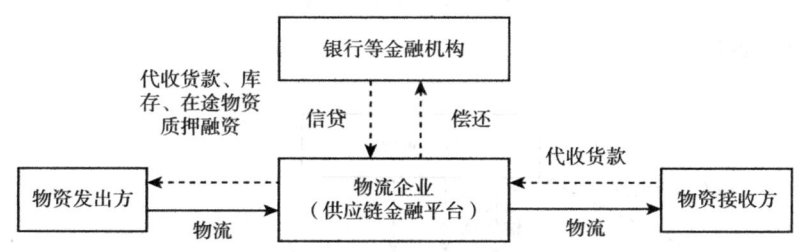

图2.3 物流企业主导的供应链金融模式

资料来源：作者绘制。

物流企业的主要职能就是承运货物，因此可提供的最直接金融服务就是代收货款。物流企业本身控制着在途物流所以可以依据在途物流价值的评估为物资交易双方提供一定比例的融资服务，并由发货方提供回购保障，收货方支付货款后才能获得承运物资。对于存储在物流企业的物资，物流企业可以根据物资的价值为物资供应方提供一定比例的担保贷款，但需要物资供应方签订回购协议或者授权处置协议，保障物流企业对贷款的回收。至于融资的资金提供方，物流企业既可以与银行等金融机构合作，也可以利用自有资金开展相关业务，但考虑到物流企业自有资金的不足，目前大部分的物流企业采取与银行合作的方式开展相关业务。典型的代表企业有美国的UPS和国内的顺丰。美国UPS作为大型物流企业，其在整合物流和资金流方面有其特殊的优势，资金融通服务的收入已占据其业务收入的较大比例。目前，UPS开展的供应链金融业务主要包括代收货款、抵押贷款、国际贸易融资三大类，其中代收货款主要是为了缓解物资交易双方的资金回款问题，抵押贷款主要是其仓储系统控制的库存提供融资贷款，国际贸易融资是充分利用UPS国际化经营的优势为进出口企业的贸易活动提供信贷和结算服务。

（4）信息服务商主导模式。

信息服务提供商主导的供应链金融模式（见图2.4）一般都是依托于信息服务商自身搭建的供应链金融信息平台，这一平台基于真实交易活动提供供应链融资服务。信息服务商可以弥补由于核心企业受限于供应链和行业壁垒导致的自建平台缺失，由于信息服务商跨企业、供应链、行业服务的壁垒很低，且其一般与供应链上的核心企业具有长期稳定的合作关系，因此可以服务于大量的这类长尾客户。

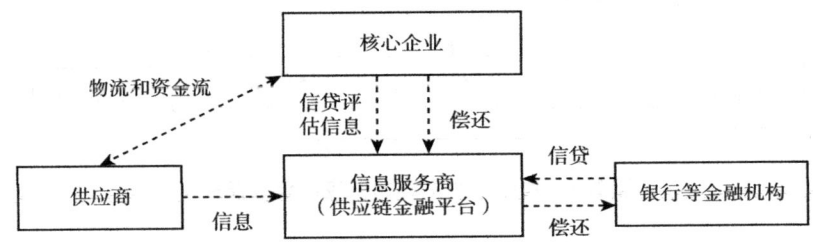

图2.4　信息服务商主导的供应链金融模式

资料来源：作者绘制。

信息服务商可以掌控大量客户企业的信息系统以及交易活动信息，可以监控整个交易活动的流程，大数据+实时监控是信息服务商降低供应链金融业务风险的关键能力。只要是在信息服务商的信息系统中有足够交易记录的企业均可以向平台发起融资请求，平台会依据该客户的历史交易记录结合未来状况研判给出是否提供融资信贷以及提供多少的评估报告，银行等外部金融机构通过信息服务商提供的融资报告，结合第三方保险机构的支持，做出放贷决定。融资贷款的偿付一是依赖融资企业的信用，二是依赖融资企业在信息服务商支付系统中的资金流。双重保险机制可以有效降低融资贷款的风险。目前这一模式的代表企业有用友、金蝶、汉得信息等。例如，汉得信息作为一家专注供应链管理信息服务的企业，由于其服务客户遍布各行各业、多条供应链，因此其发展供应链金融平台容易取得规模优势。在其搭建的供应链金融平台上，主要依赖客户形成的长期历史数据以及正在发生的真实的交易数据为依托，形成评估供应链融资业务风险的有效信息来源；通过与商业银行（保理云平台）的合作，以平台形成的风险评估报告获取商业银行的融资贷款，贷款的偿还也依托于汉得信息对资金流向的动态监控。除此之外，汉得信息与平安银行合作开发应收账款保理业务，形成了信息服务商、融资企业、商业银行三者之间互动的关系。

除此之外，利用信息服务平台提供供应链金融服务的还有部分P2P平台，这些平台开展供应链金融主要有两种模式：第一种是围绕一个或者几个核心企业做链条上下游中小型企业的短期应收账款模式；第二种是与保理企业进行合作，相当于一种债权转让模式。

（5）电子商务平台主导。

电商平台主导供应链金融的模式（见图2.5）依托于电商平台在服务多方交易活动方面形成的客户群和数据库，以电商平台上的交易活动为对象，根据客户的需求提供有针对性的融资产品和服务。通过真实交易数据的挖掘，电商平台可以有效、低成本地评估借款人的经营状况和信用状况，并基于电商平台独立的支付结算系统保障贷款的偿还。

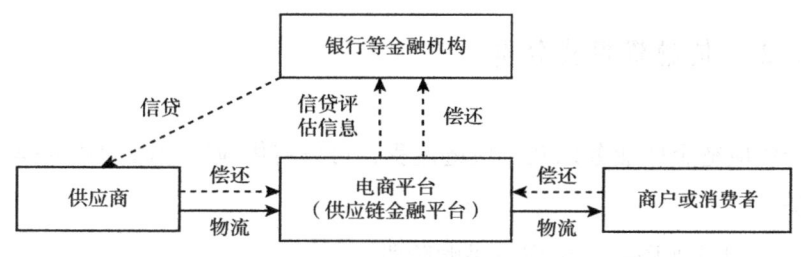

图 2.5 电商平台主导的供应链金融模式

资料来源：作者绘制。

目前电商平台开展的供应链金融业务主要针对电商交易平台的企业客户，主要业务包括电子仓单融资和电子订单融资两种，信贷资金主要来源于银行。其中，电子仓单融资是指借贷企业将存放在电商仓库中的货物储存仓单，经平台审核确认后，就可以获得银行信贷融资。电子订单融资是指电商平台上的借贷企业以未发货、未支付的平台订单为依据，经平台审核确认后向银行申请的无抵押贷款融资。电商平台主导供应链金融模式的代表企业有苏宁云商和阿里。苏宁云商搭建的供应链金融平台是基于其 B2C 平台开展的，由于其电子商务交易平台规模很大，该平台有大量的苏宁自营销售，聚集了大量的供应商以及企业卖家；为了保障消费者的退货权益，电商平台一般会延迟与供应商及卖家的结算账期，致使供应商及企业卖家形成了较多的融资需求，成为融资业务开展的基础。阿里供应链金融也主要是依托淘宝、天猫和速卖通三个电子商务交易平台，这三个平台积累了大量的客户群及交易记录，基于丰富的交易记录和活跃的交易活动，阿里平台可以进行有效的信贷风险评估，从而控制融资贷款风险。

不同的主导企业所具有的核心资源和能力是不同的。银行在传统产业服务方面积累了大量客户和交易数据，核心企业与供应链上下游企业发展直接的交易活动，物流企业掌握物流的库存及运输信息，信息服务商收集了大量的信息流、物流、资金流的数据，电子商务平台汇聚了大量的商流并基于平台促成的交易活动形成了大量的交易数据和物流。不同类别的供应链金融模式均依托主导企业的核心能力和资源，搭建起产业资本与金融资本结合的平台。

2.1.2　依融资模式分类

基于供应链金融业务以及供应链流程，可以将供应链金融的业务模式分为以下三类。

（1）预付款融资——供应链采购阶段。

供应链的采购阶段，上游企业普遍要求下游企业在订购商品时预付部分货款，而下游企业由于营运资金有限，往往需要外部融资支持采购活动。基于预付款的融资业务，弥补了下游企业在货物采购和销售回款时间差之间的现金流缺口。预付款融资往往以未来货物提货权为质押的一种融资模式，即上游发出的在途货物的提货单掌握在融资提供方手中（如保兑仓），下游企业分次赎回提货单，或者以预售款换取质押提货单（见图 2.6）。

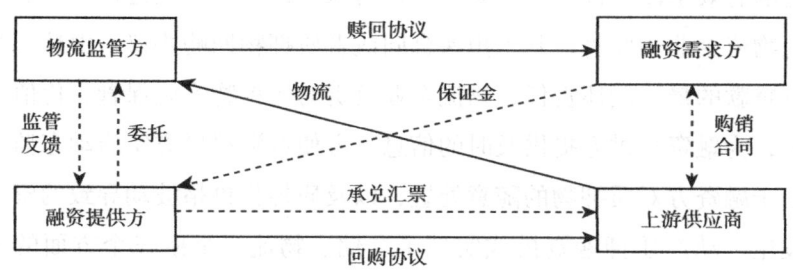

图 2.6 预付账款融资模式

资料来源：作者绘制。

这种业务模式区别于传统信贷模式的一点在于，在预付款融资模式下，下游企业不需要向融资提供方提供不动产质押或者担保，而是以在途货物保证融资贷款的收回，上游企业保证回购，融资贷款的风险被大大降低。对于短期现金流缺乏的下游企业而言，可以获得急需的资金采购物资进行生产和销售，实现了杠杆采购和低成本采购。

（2）动产质押融资——供应链运营阶段。

动产质押融资是指以借款人的动产（原材料、产成品等库存）为质押物，向融资机构申请的信贷融资业务（见图 2.7）。

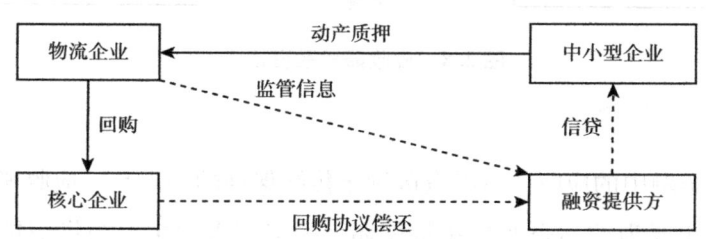

图 2.7 动产质押融资模式

资料来源：作者绘制。

在传统信贷业务中，动产由于自身在物流监管、仓储监管、价格波动性、变现偿还等方面的特点，往往不为商业银行等金融结构所青睐，企业的动产只能体现在财务报表中，而无法用于充实现金流，影响企业的经营绩效。随着供应链金融的发展，动产质押融资在新的风险管理模式推动下，成为企业弥补现金流不足的有效手段。针对动产质押融资的风险，借助供应链核心企业的担保和被委托物流企业的监管，基于担保合同或者质押物回购协议，由核心企业负责对融资贷款的最终偿还责任，物流企业负责对质押物实施保管、价值评估和使用监督，为融资提供方提供及时的信息，方便融资提供方实施动态监管，有效降低由于融资方对质押物的随意处置，以及质押物价格波动导致的资不抵债情况的发生。动产质押融资模式实现了仓储、物流、金融三个方面的综合集成，有利于核心企业的信用担保解决与之相关的中小型企业的融资难问题，从而提高供应链上下游的交易效率和经营效率，实现了供应链上下游的共赢，提升了供应链整体竞争力。

（3）应收账款融资——供应链销售阶段。

应收账款融资模式是指融资需求方将赊销项目下的未到期应收账款转让给融资提供方以提前回收销售款项的一种融资模式（见图2.8）。

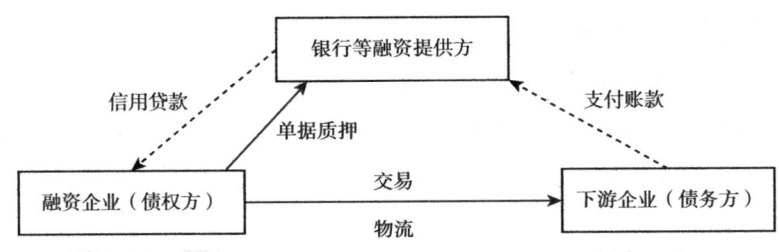

图 2.8　应收账款融资模式

资料来源：作者绘制。

供应链金融中的应收账款融资区别于传统保理的一点是，应收账款由下游债务企业（主要为核心企业）担保偿还，融资需求方主要为供应链上的中小型企业。在传统的保理业务中，应收账款的偿还性主要基于应收账款的真实性以及中小型企业的偿债能力，融资申请的审查和监管成本都比较高。特别是考虑到中小型企业的规模和资信状况所导致的信息不对称和信息收集成本，商业银行等金融机构对此持审慎态度。而在供应链应收账款融资业务模式中，由于有核心企业负责提供应收账款的真实性信息，并担保对应收账款的最终偿还，风险转移到核心企业身上，而核心企业在规模、资信等方面较中小型企业有巨大优势,风险可以有效降低。应收账款融资模式实现从企业资信水平审核到交易信息审核的转变,有效地降低了融资服务成本,扩大了融资服务的客户群。

2.2 供应链金融模式发展趋势

依主导企业分类,现有供应链金融模式的对比如表2.1所示,总结了主要模式的竞争优势、供应链金融业务实施平台、平台发展趋势以及具有代表性的企业。

表 2.1 供应链金融模式对比

主导企业	竞争优势	实施平台	发展趋势	代表企业
银行主导模式	各行业客户资源、专业金融服务及知识储备	信息平台及线下网点	线上化、平台化、生态化	平安线上供应链金融、中信供应链金融
核心企业主导模式	深耕供应链、供应链控制力	信息平台、行业平台、借助银行资金	线上化、平台化、生态化、细分化	上海钢联
物流企业主导模式	物流信息获取、物流控制能力	信息平台、物流平台	线上化、平台化、细分化	UPS及顺丰
信息服务商主导模式	交易信息获取能力	信息平台	线上化、平台化、细分化	汉得信息、怡亚通
电子商务平台主导	客户资源、交易活动控制力	信息平台、电商平台	线上化、平台化、生态化	京东、阿里、苏宁

资料来源:作者整理。

从现有的供应链金融模式梳理分析可以看出,供应链金融的发展呈现出线上化、细分化、平台化和生态化的趋势,其中线上化已经融入平台化发展之中,而细分化则深入生态化的业务结构之中。

线上化是实现低成本、快速融资服务的有效途径。供应链金融的优势在于有效的信息收集和风险分担机制,线下信息的收集和处理需要花费大量的成本和时间,难以适应中小型企业融资急、频率高、额度小的特点,因此必须基于信息系统才能实现供应链金融业务的有效开展。供应链金融线上化是指供应链金融业务的操作全部基于信息系统实现，包括融资申请、信息收集、信息审核、贷款发放、贷后监管等流程，突破了地理边界和企业边界，扩大了供应链金融的服务范围，使供应链金融覆盖中小型企业融资成为可能。同时供应链金融线上化操作可以积累更多的交易数据和信用数据，既可以根据大数据分析为中小型企业提供融资管理咨询服务，又可以为中小型企业的征信体系提供有效的数据支持。

在细分化方面，供应链金融向不同行业的垂直领域和细分业务领域扩展。不同的行业具有不同的特征，供应链金融针对任何一个行业的融资服务均需要与行业属性、业务属性相匹配，不同企业主导的供应链金融模式基于各自行业特征开展针对细分产业和细分领域的供应链融资业务，例如，上海钢联开展的供应链金融就是基于钢铁行业的贸易特性，推出有针对性的融资服务；京东供应链金融针对零售供应商开展的有针对性的电子仓单融资和电子订单融资；阿里供应链金融针对自身电商平台的交易商推出的订单融资服务等。未来基于细分行业和细分业务的供应链金融服务将是发展的蓝海，特别是随着越来越多的大型银行和电商巨头涉足供应链金融领域，非细分化的供应链金融业务竞争将愈加激烈。而细分行业或领域的隐性知识的难以模仿性是构筑市场进入壁垒的基石。因此，不同的主导企业应依据自身的资源和能力，以及在行业和供应链中的地位，深耕一条或多条产业链，根据产业链条上交易结构的特点，提供定制化的供应链融资方案。

供应链金融模式向平台化发展是必然趋势。平台化商业模式提供了一个可以容纳多方交易者的平台，这类多边化的交易平台更有利于汇聚更多的参与者和资源，有利于实现资源的互补和价值再造。银行、核心企业、物流企业、电商平台、信息服务商等都在致力于打造各自的供应链金融平台，通过平台链接融资需求方和融资提供方，实现对信息流、物流、资金流的有效管控，协调各个参与者之间的利益分配。

供应链金融模式是一种产业资本与金融资本结合的产物，是基于多边平台搭建的一个产融结合的生态系统。其职能不再是单一的融资服务，更多的是对现有商业模式、业务模式、管理流程、业务流程的变革创新。价值创造、传递和获取不再是依赖单条价值链,而是更多地依靠价值网络中各参与主体之间的竞合关系实现多方共赢的商业生态系统。在这一系统中,供应链金融平台的主导企业将成为商业生态系统中的资源和能力的整合者,成为底层业务逻辑、中层系统对接、高层组织协作机制的设计者。未来,掌控商业生态系统中的资金流动机制的参与者将成为系统的关键组织,占据关键的生态位。

2.3 本章小结

供应链金融主要是运用供应链管理的理念和方法,借助 IT 技术和大数据分析技术,深挖供应链上的客户需求,以供应链核心企业的上下游企业为服务对象,基于真实的交易活动,为企业间的采购、生产、销售各环节提供差异化、定制化的金融服务,并通过信息流、物流、资金流的三流合一,在降低供应链上企业融资成本的同时有效控制信贷风险。

随着平台型商业模式、大数据、云技术的发展,电子商务平台、物流服务商、信息服务商等第三方平台在供应链金融业务领域崭露头角,这些平台充当了供应商和商业银行的信用中介,利用平台在数据衔接、收集、分析方面的优势,将供应链交易数据转化为商业银行的授信依据,加速了商业银行的信贷审批,优化了贷后管理流程。例如,京东为其供应商提供"京保贝"服务,供应商送货完成后,可以申请应收账款融资服务,京东指令银行或利用自有资金为供应商发放贷款,这一服务既加速了供应商资金回收,又提高了京东的利润,实现了多赢。

大数据成为降低供应链金融风险的有效工具。供应链上的各企业间存在着紧密的贸易联系,各环节间的影响是相互的,利用 IT 系统实现对交易平台、物流平台、支付结算系统的综合集成,解决企业间的"信息孤岛"问题,实现对供应链各节点生产数据、订单数据、现金流量、库存、配送、销售等运营数据和财务数据的全方位收集和分析,实现信息流、资金流、物流、商流的有效衔接，保障供应链融资标的真实性和变现能力，实时监督贷款使用流向，对风险做到提前预警。以平台为工具，可以实现对数据的积累和分析；以商业生态系统为基础，可以更好地实现对交易活动的掌控，以及对交易数据的收集。

因此，梳理清楚供应链金融平台与商业生态系统之间的关系，既有利于促进供应链业务发展，又有利于提升商业生态系统的运行效率。随着从生态系统视角组织和管理商业价值网络的思想逐渐成为业界的共识，以平台型商业模式构建商业生态系统成为实现多流合一管理的有效途径，是解决资金流瓶颈的有效方式。从现有的供应链金融商业模式特点来看，供应链金融平台的融资效率在很大程度上取决于其所处的商业生态系统，商业系统中金融资源的配置水平以及产业资本与金融资本的结合方式决定了供应链金融平台的发展空间及业务模式，商业企业需要思索如何通过供应链金融平台占据商业生态系统中的关键生态位，实现从单一的供应链金融平台管理向基于平台的商业生态系统管理的转变。

第 3 章

基于供应链金融平台的商业生态系统理论研究

随着商业生态系统在优化企业价值网络方面的功能逐步凸显,企业需要厘清商业生态系统与供应链金融之间的关系,明晰供应链金融平台在商业生态系统中的作用机制,才能利用供应链金融平台在商业生态系统中赢得核心竞争力,进而提升整个生态系统的竞争优势。展望未来,以供应链金融平台为依托可以有效实现产业资本与金融资本有机结合,基于供应链金融平台的商业生态系统可以实现跨供应链、跨企业、跨部门、跨职能、跨区域的资源和能力整合,以平台链接商业生态各参与主体,实现信息流、物流、资金流、商流等的多流合一管理,实现实体业务与金融业务的螺旋发展,推动商业生态中多方共生发展。

3.1 理论回顾

3.1.1 企业间分工模式的演变

随着信息技术、互联网等的迅猛发展,企业间分工模式也发生着重大变革。20 世纪 80 年代以前,以生产管理为核心的企业普遍采用的纵向一体化模式(Arrow,1975),由于信息交换、交易的成本比较高,单个企业普遍倾向于将价值链中大部分环节集中于企业内部,通过标准流水线作业模式实现大批量规模化生产，从原材料生产、采购、运输、储存、制造、组装乃至销售，均通过企业内部管理形式进行。每个企业的职能横跨整个产业链，企业规模庞大，企业追求规模效应（Krugman，1980），其中具有代表性的企业是福特汽车企业。20世纪80年代以来，由于计算机的普及、信息技术的广泛应用，社会生产力普遍提高，社会消费品出现供大于求的情况，消费者的需求多样性、定制化的需求越来越强，生产制造的分工模式也开始发生重大转变，分工协作从企业内转向企业间，产品原有的生产工序和流程逐渐被分离外包给外部企业，企业间的分工合作突破了产品和产业的边界，企业越来越专注于开发自己的核心能力，谋求获得"比较优势"（Grossman and Helpman，1990）。企业间的合作以核心企业为主导，企业经营理念由生产主导转为需求导向（Atesoglu，1996），通过企业间的协作，将供应链中所有活动进行整合，形成一个整体的功能网络结构，企业管理进入供应链管理时代（Salhi，1994），其中具有代表性的企业是美国通用汽车企业和日本丰田汽车企业。

20世纪90年代以来，交通技术和通讯技术进步飞速，国际贸易和投资自由化范围和程度加大，商品、信息、技术、服务、资本、人员等生产要素的跨境流动，经济活动跨越国界，国际分工进一步细化，各国企业的分工协作，优化资源配置，最大化经济效益。经济全球化趋势下的企业生产模式、经营模式也发生重大变革，单一供应链管理已经难以应对跨国企业全球布局中遇到的问题，不同的生产环节全球性布局，利用不同国家和地区所具有的差异的资源优势，最大限度地降低产品链的成本，同时实现国际市场的拓展。更重要的是，供应链管理是基于制造业提出的，随着世界经济结构向服务业为主导转变，基于早期的价值链理论（Hergert and Morris，1989）和全球商品链概念（Gereffi and Korzeniewicz，1994），全球价值链管理概念应运而生。全球价值链管理被定义为：为实现商品或服务价值的创造和传递，以核心企业（一般为跨国企业）为主导，将分散于全球的设计、开发、生产制造、交货、分销、消费等过程中发生的各种增值活动进行综合集中管理，通过建立全球性跨企业网络组织实现对价值链的优化（Cohen and Huchzermeier，1999）。

进入21世纪后，互联网、云技术、大数据、物联网等信息技术对传统产业不断渗透和颠覆，信息技术已经成为企业发展的重要支撑力量。电子商务、移动商务等虚拟商业发展迅猛，深刻改变着人类的思维、学习、生产、生活方式，服务替代产品成为经济主角，企业的组织模式、经营理念也面临新一轮的变革。"工业4.0""工业互联网""互联网+"等国家级发展战略正是为了响应这一发展趋势，引导产业、企业实现升级转型。在以协同分享、平等公平、开放创新为特征的互联网新经济下，空间上的地理距离进一步弱化，信息不对称性进一步被削弱，消费者的主导地位进一步强化。以产品、技术为中心的制造文化已经向以客户、服务、服务增值为中心的服务文化转变，以服务带动产品，企业真正的核心能力已经由制造能力转变为服务能力，如美国的 GE、IBM 等。随着 20 世纪 80 年代以来价值链组织模式的演变，虚拟企业、虚拟联盟等虚拟组织逐渐成为主流的组织模式（Kale et al.，2002），这种强调内外部资源整合、规范而不失弹性的组织形式更好地适应了不断变化的环境，是企业谋求构建动态能力的一种途径（Teece，2007）。企业的生存和发展将更依赖于以虚实结合、协同共存、竞争合作为特征的生态系统（Iansiti and Levien，2004）。与企业生存、发展紧密相关的外部利益相关者不仅包括纵向的供应商、消费者、第三方服务提供商等，还包括横向的竞争对手、关联产业企业、政府、科研机构等，而且外部不断变化的经济环境、社会环境、政治环境、科技环境、文化环境等也对生态链中的企业的生存和发展影响很大。由不同的企业、组织组成的虚拟企业联盟也如生态系统一样经历着企业的更替。一个企业在生态链中的重要程度将取决于其服务创新能力以及对服务价值链的整合能力和控制力（Holling，2001）。在未来的新经济中，企业的生存与发展越来越依赖于企业生态系统，利益分配机制、虚拟企业联盟向心力、风险控制能力将成为系统稳定运转的关键（范建平等，2009）。

3.1.2 商业模式理论

商业模式及其创新是企业获取竞争优势，改变竞争态势的重要战略工具和手段（Masanell and Ricart，2010）。商业模式是一种包含四个相互关联的关键因素（客户价值主张、盈利法则、关键资源、关键流程）的商业逻辑，是企业系统性构建异质竞争力的战略工具（Johnson and Christensen，2008）。四种关键因素紧密联系，相互配合、协调为客户创造价值，并获取收益以维持企业的持续运作。从企业价值创造的逻辑角度看，商业模式创新是对这一逻辑的变革和创新，通过对客户、价值主张、价值网络、收入逻辑等构成要素（Teece，2010）本身或者组合的改变，优化价值链或价值网络的产出。价值链是从产品到销售的所有节点企业、组织协作共同形成的，以创造价值为目的的经济活动链条。自20世纪80年代以来，随着互联网技术、信息技术、云技术等新技术的推动，企业间传统的分工模式和协作模式发生了巨大变革，旧的价值链间的界限越来越模糊。竞争思维逐步转向竞合思维，价值链理念也逐步转向价值网络理论。新的商业价值开发模式跨界化趋势越来越明显，以包含价值链的价值网络逐步成为分析商业生态系统的关键因素（赵道致和李广，2005）。商业模式冰山理论（汪寿阳等，2015）认为商业模式是一个复杂系统，冰山的水上部分是易于分析的显性知识部分，冰山的水下部分则是难以分析的隐性知识部分，而隐性知识决定了商业模式的可复制性。传统的商业模式画布、魏—朱六要素等方法通常是用于分析显性知识的，对于隐性知识的分析不足，这也是这些模型无法独立用于分析互联网、金融、产业三者融合模式的关键瓶颈。汪寿阳等基于TEI@I方法论提出的CET@I方法论强调"先分解后集成"的思想，考虑了显性知识与隐性知识的有机结合；基于最近数十年来的国内外商业模式研究文献，结合国内外企业在互联网、金融、产业融合发展方面优秀的商业模式实践，深入分析各种商业模式的价值链和价值网络，创造性地提出了未来企业商业模式创新的全景分析图（汪寿阳等，2016）。因此商业模式创新的分析需要从商业系统角度进行分析才能比较全面地识别每个构成要素以及要素的作用。商业模式创新通过价值网络的重构，对于企业生态系统中的物流、信息流、资金流、技术流、商流进行优化或重新组合，整合互补性的资源和能力，打造价值共同体。价值共同体不再是局限于纵向或横向的供应链层次，而是拓展为不同价值链集成的价值网络。

根据 Magretta（2002），商业模式的价值链从流程上由两个部分组成：一部分是与生产有关的活动，如设计、原材料采购、加工等环节；另一部分是与销售有关的活动，如顾客关系、销售渠道和售后等环节。生产相关的创新主要集中于对技术和流程的创新，而销售相关的创新活动则更多地与营销要素、营销方式等相关（Magretta，2002）。从构成价值网络参与者的角度看，可以分为核心节点组织和非核心节点组织。核心节点组织在价值网络中可以不止一个，但每条价值链中可以识别出一个核心节点组织，这些节点组织占据着价值网络的关键竞争位势，在生态系统中掌握着关键的资源和能力，决定着企业生态系统和价值网络的演进方向，核心组织的所有者可以由原有的非核心组织所代替，这一过程体现为商业生态系统的动态性。导致这一动态性的原因在于外部环境的不断变化，只有与环境高度匹配的新商业模式才能独占关键竞争位势，这也就体现了商业模式创新的战略价值所在。

平台型商业模式是由供应方、需求方以及相关服务提供方等多个利益相关者群体所构建的价值网络，以不同参与主体之间资源和能力的互补性形成的交易结构为依托搭建的多边交易平台（O'Reilly，2007）。该平台是资源和能力的整合者，实现了不同参与主体间的价值共创及共享，是构建多主体参与共享的商业生态系统（范保群和王毅，2006），产生网络效应，实现多主体互利共赢的一种战略。平台企业是平台的搭建者，通过平台将多参与主体联系在一起，平台本身并不直接生产产品和服务，而是服务于交易活动的形成和优化，降低交易成本。

平台型商业模式的特征体现为开放性、互动性、网络性、生态性。平台型商业模式的开放性体现为价值的创造、传递以及获取依赖于多方参与者，保持对平台外部参与者的接纳，承载和加载外部资源和能力，打破企业、职能、业务边界，以平台为依托实现对不同资源和能力的创新整合。互动性体现在多方参与者的资源和能力以交易活动的形式实现互补和协同，不同参与主体之间发生着信息、物质和能量的传递，在互动的过程中实现价值共创。网络性体现在多方参与主体之间非独立和非线性的联系，多方参与主体依交易结构形成多条价值链的网状关联，单个参与主体的角色不局限于某一条价值链，而是在多条价值链中占据不同的位置发挥不同的作用，通过价值链间的耦合效应实现平台系统的网络效应，这也是企业多元化经营导致的资源和能力的多元化的必然结果。生态性体现在平台系统多方参与主体与外部环境（经济环境、法律环境、技术环境、政治环境等）的相互影响方面，适者生存的自然法则同样适用于平台生态系统，参与主体之间不仅存在合作关系还存在着竞争关系，外部环境的动态变化导致了参与主体及参与主体角色的更替，同时参与主体的交易活动也改变着外部环境，参与主体与外部环境之间的相互影响表现为平台系统的动态性。平台型商业模式的特征决定了平台企业需要基于平台搭建一个多方参与群体共生的商业生态系统，从经营单个企业转为经营整个商业生态系统，完善商业生态系统的成分和功能，维护系统中价值的创造、流动和分配的合理、高效。

平台型商业模式主要包含两个核心，即价值模式（冯华和陈亚琦，2016）和治理模式（程新章和胡峰，2005）。价值模式是平台生态系统存在的基础，而治理模式是价值模式能否实现的关键。价值模式主要包括价值创造、价值传递、价值获取和价值共享四个方面，是多方参与主体协作、共生的基础。价值创造的过程始于价值主张的发现，通过对市场需求痛点的分析，识别出平台的服务对象和业务范围，服务对象创造产品和服务，平台服务于服务对象之间的交易活动，服务内容可以包括交易活动促成、交易支付结算、交易融资、交易担保等，通过对不同参与主体的资源和能力的整合保证价值主张的实现。价值传递的过程借助平台的网络效应聚集大量客户，通过整合线上线下全渠道满足客户的多样化需求，与客户形成互动。价值获取主要是平台系统中各参与主体的收入模式和成本结构是怎样的，区别于单一企业的价值获取关注点，平台系统中的价值获取有赖于参与主体之间的协作，以利益分配机制为工具优化系统整体收益；平台企业以服务增值为收益来源，通过规模效应降低单个客户的服务成本。价值共享体现为平台系统中的各参与主体构成的是一个商业生态系统，系统的市场竞争优势强于单一主体的竞争力，因此合理的利益共享机制有助于提升参与主体之间的协作水平，从而创造更大价值。平台型商业系统的价值模式需要建立在一定的生态治理模式之上。平台型商业模式搭建的是一个多方参与的商业生态系统，平台系统中价值活动的开展以及价值要素的组合，均需要一套正式或非正式的治理制度和准则保障，协调多方参与主体的利益冲突，防止"搭便车"等机会主义，规范参与主体的行为，激发各参与主体的积极性和创造性，实现整体利益最大化。

3.1.3 商业生态系统理论

20世纪80年代以来，随着价值链中组织模式的演变，虚拟企业、虚拟联盟等虚拟组织逐渐成为主流的组织模式，这种强调内外部资源整合、规范而不失弹性的组织形式更好地适应了不断变化的环境，是企业谋求构建动态能力的一种途径。企业的生存和发展越来越依赖于以虚实结合、协同共存、竞争合作为特征的商业生态系统。与企业生存和发展紧密相关的外部利益相关者不仅包括纵向的供应商、消费者、第三方服务提供商等，还包括横向的竞争对手、关联产业、政府、科研机构等众多利益相关者，这些参与主体与外部经济环境、社会环境、政治环境、科技环境、文化环境等交互作用，共同构成了商业生态系统。该理论最早由Moore（1996）提出，并将商业生态系统从原来的定义"基于组织互动的经济联合体"扩展为"一种由生产商、供应商、客户、投资者、竞争者、标准制定机构、政府以及其他利益相关者等具有利益相关关系的组织或群体构成的动态结构系统"。后续研究分别从生态学视角和网络视角来界定商业生态系统的定义。如Leong（2008）将企业所处的商业生态系统看作是由与企业发生直接或间接交易活动的各种组织构成的交易环境。

纵观现有研究的定义相似之处，商业生态系统是一种开放式、网络化的复杂系统，不仅包括企业及企业所处的市场环境，还包括系统中直接或间接相互关联的众多企业组织，组织之间进行着资源与能力的互补和交换，信息、物质和能量的交换依靠价值网络实现传递和增值。对于商业生态系统模型，Moore（1996）将其概括为四个子系统，即核心供应链系统、环境支持系统、宏观环境系统以及竞争系统，并提出了从顾客、市场、产品、流程、结构、风险分担者、社会七个维度去进行分析。Kim等（2010）认为在商业生态系统模型中，可以有多家核心企业或焦点企业存在，这些企业根据内外部环境选择企业战略倾向。企业商业模式的战略空间越来越依赖企业所处的商业生态系统，不同的利益相关者通过匹配的交易结构构成联系网络，在这一商业生态系统中的众多利益相关者都依赖于核心企业的商业模式进而演化出自身的交易结构（魏炜等，2012）和业务活动，从而决定其在商业生态系统中的角色地位。在商业生态系统中价值的创造、传递和获取通过众多的利益相关者共同实现，因此生态系统的增值可以通过引入新的利益相关者参与，对交易结构和业务价值空间进行重构，进而找出新的价值创造逻辑，综合集成分散的资源和能力，实现整体优化。

对于核心企业，搭建和管理商业生态系统最有效的工具就是平台型商业模式。平台型商业模式是一种可以实现内外部资源整合、配置的商业框架，是一种协作、竞合、共生的开放式生态系统（Zhu and Furr, 2016）。核心企业搭建的商业平台作为参与各方协作的中介，吸引和服务上下游所有参与主体来创造价值，并且随着平台参与者的增加而显现出"网络效应"。商业生态系统所需搭建的平台需要实现外部资源与企业内部系统的互补互动。企业内部系统主要服务于企业内部资源、能力的协调整合，外部吸收的资源和能力需要通过合理的协作框架、工作流程、知识共享机制与内部平台资源、能力相融合，打破企业间的传统组织边界，对于企业的 IT 架构、管理模式、工作方式、盈利模式等都有颠覆性变化。

信息技术是商业生态系统搭建的基石。革命性技术是推动共生体物种进化的重要维度，商业生态系统作为一个共生体物种，在革命性技术的推动下不断演变。在信息经济、知识经济时代，互联网、大数据、云计算、物联网等新兴信息技术对传统产业不断渗透和颠覆，成为企业发展的重要支撑力量。电子商务、移动商务等虚拟商业的迅猛发展，深刻改变着人类的思维、学习、生产、生活方式，服务替代产品成为经济主角，企业的组织模式、经营理念面临新一轮的变革。在以协同分享、平等公平、开放创新为特征的互联网新经济下，空间上的地理距离进一步弱化，信息不对称性进一步被削弱，消费者的主导地位进一步强化。以产品、技术为中心的制造文化已经向以客户、服务、服务增值为中心的服务文化转变，以服务带动产品，企业真正的核心能力已经由制造能力转变为服务能力。一个企业在生态链中的重要程度将取决于其服务创新能力以及对服务价值链的整合能力和控制力。在未来的新经济中，企业的生存与发展越来越依赖于"生态管理"，利益分配机制、虚拟企业联盟向心力、风险控制能力将成为系统稳定运转的关键；而金融工具则可以作为企业系统的加速器，通过引入新的利益相关者（如第三方金融服务商、物流服务商）打破系统拓展和价值增值的瓶颈，提高商业生态系统价值创造能力。

3.1.4 产融结合

"由产而融"的产融结合模式源于企业集团化、大型化过程中，是产业资本与金融资本的一种内在融合，依靠成立独立财务公司、投资公司，或者参股、持股、控股金融企业等方式实现产业资本向金融领域的渗透，实现经营多元化和资本金融化，在支持主业发展的基础上实现对关联业务领域以及跨行业的扩张，优化资产结构，提升资本运营效率。从经济学角度讲，产融结合可以通过利用金融资本加强对产业链上下游的控制，并实现跨行业经营，将交易活动从外部转化为内部，通过内部关联交易整合多方资源和能力，优势互补，节约交易费用，降低讨价还价成本、监管成本，有效地解决信息不对称问题等，更加有效地从整体角度优化资源在上下游间的配置，从而实现规模经济和范围经济。从管理视角看，产融结合模式可以有效整合内外的资源和能力，构建起有价值的、稀缺的、不易被模仿和替代的竞争优势。资源基础理论认为企业间资源和能力具有异质性、互补性，产业资本受限于自有资本的有限性和流动性，必然需要金融资本在产供销扩张、收购兼并方面提供融资支持；而且随着企业经营管理理念的演变，大型企业越来越倾向于参股、控股相关企业，而非采取自营模式，这就使金融资本有了更大的需求。Ansoff（1965）在协同战略理论中指出，企业的经营活动与投融资活动协同配合，可以帮助企业更好地把握市场机遇，取得多元化业务经营的协同效应。显性资源的分享使用可以实现不同组织间的互补效应，即在不影响各组织原有使用的基础上实现了协同效应。产业资本与金融资本在经营属性上的互补性决定了各自占有的资源具有非常强的互补性。

"由产而融"的发展路径主要围绕两个协同效应，即经营协同与财务协同。经营协同包括规模经济性和范围经济性，反映在平均固定成本或者可变成本中一方面或者两方面的降低。财务协同是指应为产业资本与金融资本混业经营带来的资金成本的降低。金融业务可以通过金融市场借助金融工具（如公司债券、应收账款融资、应付账款融资、预付账款融资、抵押担保、融资租赁等）进行操作，为产业链上的参与者提供融资、交易结算等金融服务，帮助产业实体合作伙伴及自身获取低成本的营运资金和扩张资金；产业发展依存于与主导产业价值链相关的金融产业。而围绕金融协同的融合，主要是产业实体在资金实力、社会网络方面为金融业务提供无形的信用担保以及有形的资金支持，金融业务可以借助产业组合的信用担保和资金支持，从金融市场获取更低的融资成本，开展财务投资管理。产业资本与金融资本相互促进，协同优化，实现两者的螺旋式上升。

产融结合模式横跨实体产业和金融市场，涉及产业运营和金融投资，构建的是一个复杂系统。而产业资本与金融资本间的融合是非线性的，两者的综合集成需要在战略、运营、业务等层次进行综合考量，此外还要考虑外部环境的影响，众因素综合影响导致实施产融结合战略的企业市场表现不一。Christos 等（2008）根据多个国家的横截面数据实证分析发现，资本市场成熟度和法律体系完善度对于企业产融结合实践效果有显著影响。Steven 和 Maria（2009）则通过实证分析发现，企业所有权的变更对于企业产融结合前后的全要素生产率有显著影响。Rumel（1975）指出，核心能力的延伸效应以及资源共享机制，可以促进相关多元化的跨行业经营绩效，但过度多元化的经营则难以获得核心能力和资源的协同效应，对于企业绩效的影响也是负面的。王松华和胡敬新（2007）的实证研究指出，我国企业的产融结合实践仍以信贷关系为主，以取得低成本的外部融资为主要目的，企业产融结合的运营效率较低。万良勇等（2015）的实证研究也表明，上市公司参股金融机构可以显著缓解企业外部融资约束状况。蔺元（2010）基于 2001~2007 年参股非上市金融机构的上市公司的实证研究表明，只有在参股比例超过 20% 时，实施产融结合的上市公司相比较于未实施产融结合的上市企业才具有更高的成长能力。综上所述，企业产融结合实践的效果不仅取决于多元化策略（相关多元化或者非相关多元化），还取决于产融结合的模式和程度等因素。

依据资源能力基础理论（Grant，1991）以及知识基础理论（Grant，1996），企业的核心能力体现为对异质性资源的占有、整合和配置能力。在产融结合的模式下，企业通过整合外部稀缺性金融资源以及知识资源以提升企业核心能力，更为有效地配置内外部资源，服务企业价值创造过程；在这一过程中企业不断向价值链纵深发展，实现不同业务之间资源和能力的互补，形成规模经济和范围经济，实现协同效应（韵江等，2006）。例如，现有的多数产融结合型企业都是实力较为雄厚的企业集团，这些企业集团在产业经营过程中形成了较强的扩张性融资需求以及庞大的资金管理压力，进而对金融业务及金融市场有较多的诉求。企业集团通过建立价值链内部资本市场将富余资金进行价值链内部融资管理，拓展价值链内部融资业务（如供应链金融和消费金融业务），优化价值链上下游的价值创造、传递和获取流程，降低价值链内部交易成本，进而提升企业集团的整体效益。供应链金融的发展趋势体现为互联网、产业、金融三者之间的相互融合，已成为中小型企业外部融资的新途径，是企业实现产融结合的新路径，是企业实现指数化成长的内在动力。

3.2 基于供应链金融平台的商业生态系统

3.2.1 供应链金融平台商业模式

纵观现有的供应链金融模式，无一不是在平台模式基础上开展融资业务，平台化模式已成为供应链金融发展的主导模式。供应链金融平台有利于汇聚不同的资源、能力以及参与者，便于协调不同参与者之间的利益，实现资源和能力的互补，实现经营协同和财务协调，进而实现范围经济。供应链金融平台商业模式画布见表3.1。

表 3.1　　　　　　　供应链金融平台商业模式画布

重要伙伴 ● 商业银行 ● 物流企业 ● 核心企业 ● 保险公司	关键业务 ● 融资服务 ● 平台管理 ● 资本增值	价值主张 ● 提供低成本、快速的融资服务	客户关系 ● 融资导向 ● 供应链协调	客户细分 ● 供应链上下游有融资需求的中小型企业
	核心资源 ● 系统平台 ● 大数据		渠道通路 ● 线上平台 ● 线下辅助	
成本结构 ● 平台运营成本 ● 市场拓展成本			收入结构 ● 融资服务佣金 ● 信贷利差 ● 大数据增值服务收费	

资料来源：作者整理。

在表 3.1 中，供应链金融平台的服务对象主要是存在融资约束的供应链上下游的中小型企业。这些中小型企业一般在供应链中处于弱势，一方面自有营运现金非常有限；另一方面下游企业普遍延期付款，较长的回款周期导致这些企业对于供应链外部融资有强烈的需求。供应链金融平台主张为这些中小型企业提供低成本、快速的全融资服务，业务主要是针对这些中小型企业的应收账款融资和动产融资。在平台运营渠道方面，针对中小型企业融资需求"多频次、小批量、时间紧"的特点，单笔融资线下审核和监管成本较高，因此普遍采用线上化操作进行。供应链金融平台通过与核心企业 ERP 系统互联互通，实现对供应链中交易信息的审核，与核心企业存在直接或间接交易的上下游企业可以向供应链金融平台提出融资申请，在供应链金融平台审核信息后，在确认交易信息真实的情况下，与物流企业、第三方担保企业等合作，为上下游企业提供应收账款融资、库存质押融资、预付账款融资、支付结算等服务。线上化操作可以有效降低融资贷款审核、监管成本，成为供应链金融业务得以快速发展。作为连接融资需求方和融资提供方的桥梁，供应链金融平台既可以利用自有资本进行授信，又可以利用商业银行等金融机构的授信，极大地扩展了供应链中交易活动的增值服务范围，提升了融资服务水平。

在供应链金融平台商业模式中，平台的核心竞争力是信息整合评估能力、外部相关者整合能力以及风险管理机制。由于供应链金融模式中主要依托核心企业的信用担保,风险实现了从中小型企业向核心企业的转移,有效降低了信贷风险。平台更多的是扮演资源集成优化者的角色,特别是在供应链财务资金流方面。以服务实体交易为目标,将金融资本注入实体产业的运营中,有效提升供应链资金运营效率。金融的本质是追求收益与风险的均衡,在供应链金融平台模式中,金融资本可以依托独特的风险控制机制,实现稳定的收益,在融资服务的基础上拓展支付结算、资产管理等相关业务,整合金融机构原有的融资业务和金融工具,打造全金融服务生态圈。此外,供应链金融平台可以通过收取交易佣金、信息服务费、大数据服务增值费等方式获取利润。

供应链金融平台的发展不仅可以减少交易成本,降低交易风险,还可以通过参与各方资源和能力互补,实现价值创造倍增器的功能。通过打造以供应链金融平台为中心的交易共同体,核心企业可以整合供应链内外部利益相关者及其资源,以价值链为依据,优化企业分工,进而优化系统获取外部资源和能量的能力,提升整个耗散系统的投入产出效率(丁爱琴,2003)。供应链金融平台解决了供应链上下游企业间的"信息孤岛"问题,使银行等金融机构的资产可以通过供应链金融业务实现了低风险投资,中小型企业可以通过以非现金类流动资产获取较低的融资,核心企业可以优化运营效率和供应链管理水平,进而实现了多方共赢的局面。

3.2.2 基于供应链金融平台的商业生态系统

平台型模式是构建多主体参与、共享的商业生态系统的一种有效战略,不同主体之间资源、能力的互补可以产生网络效应,实现参与主体之间的利益协调,从而实现共赢。基于供应链金融平台的商业生态系统(见图3.1)是产业生态与金融生态之间结合、迭代的产物,以平台为生态间互动的桥梁,实现不同生态、供应链、企业组织间业务流程的高度协同化,降低信息不对称、代理问题以及间接交易引致的交易成本,进而对交易结构中的信息、物流、资金流、商流等实现综合集成,整体优化(成思危,2014)。

从图3.1可以看出,供应链金融平台占据了商业生态系统的基础生态位

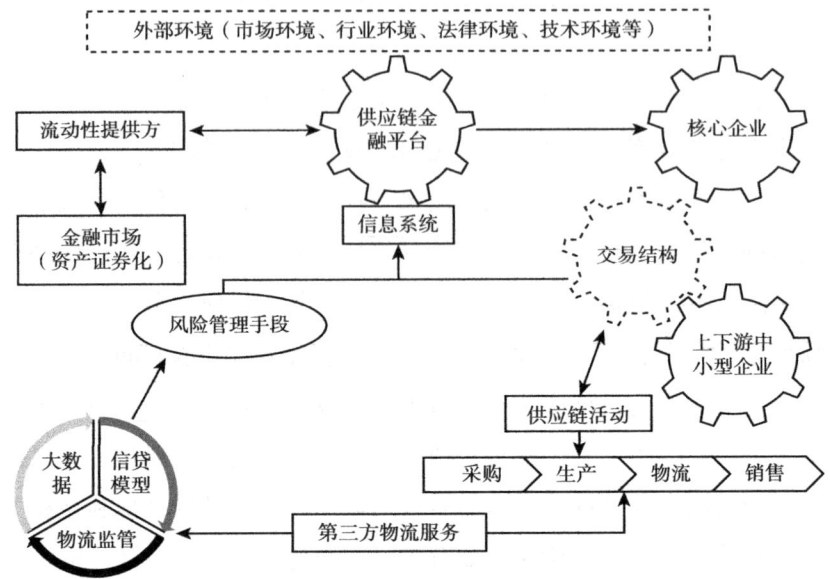

图3.1 基于供应链金融平台的商业生态系统

资料来源：作者绘制。

(Pulliam, 2000)，是衔接系统中各个生态位的核心节点。由于供应链金融是产业资本与金融资本的有机结合体，供应链上下游企业间基于一定的交易结构形成供应链中的采购、生产、物流和销售等交易活动，不同的交易活动形成不同的融资需求。供应链金融平台依靠与核心企业间确立合作关系，掌握供应链中的交易结构及交易活动特征，依托核心企业的信用背书和交易信息真实性审核，引入第三方物流企业和保险公司等战略合作者，基于交易数据分析、物流监管以及信贷模型的测算形成信贷风险评估报告。银行等流动性提供方基于供应链平台形成的风险评估报告以及补充性担保协议，为订单、应收账款、库存等标的提供融资贷款，或者基于大数据形成的信用评估为融资企业提供信用贷款。银行等流动性支持方通过资产打包实现供应链融资贷款的资产证券化，将信贷风险在金融市场上转移、分散，加快了资金的周转速度。以上是供应链金融平台的基本业务架构，但并不是企业打造供应链金融平台的终点。随着企业集团产融结合的深化，特别是电商平台在跨地域、跨行业、跨组织的商业生态系统方面取得的快速发展，供应链金融平台越来越成为商业生态系统搭建的有效途径。

基于供应链金融平台的商业生态系统实现了从线性价值链节点管理向复杂价值网络集成的转变，行业界限、企业界限、职能界限以及业务界限均在逐渐模糊，跨界融合和跨界创新成为商业生态系统的常态。价值网络强调生态成员之间的互动、共生以及协同演进，成员之间的层级关系逐渐转变为横向关系，而且是以信息流、物流、资金流等交易要素的流动形成的复杂的网络关系。交易要素在价值网络中的流动需要基于一定的平台和机制才能实现相互结合，才能实现价值的共同创造（吴海平和宣国良，2002）。供应链金融业务的开展需要供应链上下游间的高度协作，依赖信息流、物流、资金流之间的各种组合，以资金流优化为契机对信息流、物流进行进一步优化，解决制约产业链、供应链中企业个体之间的信息鸿沟、支付结算延迟、产能与金融资源配置缺位等问题，提升商业生态系统的整体效率。

（1）基于供应链金融平台的商业生态系统的生态结构。

基于供应链金融平台的商业生态系统的生态结构可以分为底层系统、平台系统和网络整合系统等三个层次。底层系统指的是IT系统搭建、数据采集系统、支付场景搭建、业务匹配等基础性功能，是供应链金融生态圈的基石。供应链金融生态圈的构建必须在法律与金融监管合规的前提下，同时，供应链金融的场景搭建也需要时间布局。市场上一些企业的供应链金融业务仅是将供应链业务从线下简单搬到线上，忽略了供应链底层基础系统的梳理和强化，导致融资服务效率低下。生态系统底层的交易活动产生的融资需求才是供应链金融业务实施的场景。只有在这种场景构建下，培养中小型企业的线上交易习惯，才能真实地收集到底层交易数据，采集到企业个体的信用信息，然后运用大数据分析构建征信与风控体系。

平台系统是供应链金融发展壮大的关键所在。供应链金融平台发展的路径是在底层系统的基础之上构建综合性服务平台，成为跨企业、跨地区、跨产业的综合性金融生态的关键一环。根据产业链的特征，平台系统将由供应链交易平台、风险管理平台、物流服务平台以及金融服务平台四大平台组成。其中，交易平台需要为风险承担者和流动性提供者提供必要的应用数据，如电子账单传递服务。物流服务平台则为风险承担者和流动性提供者提供必要的物流数据，以及提供动产质押融资中的动产监管服务，涉及货物的配送、仓储以及赎回等环节，是供应链金融风险管理的重要一环。风险管理平台则拥有交易数据、物流数据、财务数据等形成风险评估的基础，将经过处理分析后的信贷评估数据传递给投资者以供其做出决策参考；这一平台将各类不同的经济主体有机地结合在一起从事供应链金融活动。金融服务平台则是供应链金融中流动性的主要提供者组成，这一流动性平台将开展信贷资金发放、供应链金融产品定价以及信贷回收等金融活动，这类金融服务平台上一般聚集了商业银行、投资机构、保险企业、保理机构、P2P平台以及小贷企业等流动性提供方。

网络整合系统是指对商业生态系统中的多个平台系统进行整合，形成以供应链金融平台为核心，多平台联动的价值网络。该虚拟系统的主要功能是将供应链交易平台、风险管理平台、物流服务平台以及金融服务平台等平台进行整合，以供应链交易结构和融资业务逻辑理清四个平台之间的功能互补特征，以四个平台间的信息流、物流、资金流、商流的高效组合为目标。除此之外，对于非金融企业搭建的商业生态系统，其主要任务是通过引入金融资本，支持实体产业又快又好的发展。从消费金融、互联网金融、P2P等融资模式的对比来看，供应链金融模式是与实体经济最为贴近、融合难度最低的融资模式，因此核心企业在构建商业生态系统时选取供应链金融平台为切入点更为适宜。消费金融是为供应链的最后一个销售环节提供信贷服务，有利于拉动消费，扩大销售规模，是供应链金融的组成部分。互联网金融和P2P等平台更多的是针对零散客户提供的融资和资本增值服务。这些非融资平台均可以被整合在商业生态系统中，与供应链金融平台相互配合，增强商业生态系统中实体产业的运营能力。例如，供应链金融平台形成的融资贷款可以经商业银行资产证券化之后，以理财产品的形式在互联网金融平台向社会公众销售，分散信贷风险；消费金融产生的账期成本可以由电商平台和供应商共同分担，相关的消费信贷也可以资产证券化之后在互联网金融或者供应链金融平台进行出售。

（2）商业生态系统中供应链金融业务存在的基础。

供应链金融业务的存在依赖于五个利差：信用差、利率差、认知差、模式差、生态差。信用差是指供应链中核心企业与中小型企业之间存在的信用水平的差异；中小型企业的信用基础薄弱是供应链金融业务开展的基础，通过核心企业对供应链的强控制力，对供应链上下游的中小型企业融资需求提供信息核对和信用担保支持，从而形成依托于核心企业的供应链融资业务。利率差是指由于供应链中核心企业与中小型企业之间信用差异导致的融资成本的差异，由于风险与成本的平衡关系，中小型企业的信贷利率远高于核心企业的信贷利率；而经过核心企业增信的供应链融资成本可以得到有效降低至年化20%以下。认知差是指在供应链中，没有其他企业或组织能比核心企业更能准确深入地掌握供应链中的交易活动；核心企业基于对交易结构的熟悉掌握，自建供应链金融平台或者与第三方融资机构合作共同提供供应链融资服务。模式差是指融资质押物在成熟的金融市场往往为动产，而在不成熟的金融市场则主要为不动产；中小型企业由于处于成长期，其不动产往往已经被抵押融资，而其运营资金却常常因为上游预付和下游压款出现缺口，影响了企业的正常运营，因此以应收账款、库存、订单等为质押物的融资业务可以极大地缓解企业的融资约束。生态差是指与金融机构的融资业务比较，供应链金融对于商业生态链的依赖度更高，所涉及的金融业务也更加全面，更具有发展根基；传统商业银行等金融机构由于对产业生态中交易活动的参与程度低，在细分领域发展供应链金融业务并不具备先发优势，而且由于原有业务发展的路径依赖性，在模式和业务转型方面均存在较大阻力，反而是深耕于产业链的非金融企业在供应链金融领域崭露头角。纵观整个的供应链金融发展趋势，可以看出供应链金融的发展对产业链基础有非常强的依赖性，核心企业需要对供应链有较强的管控力，供应链上下游企业的弱势地位是形成融资需求的主因之一，同时信贷资金来源需要满足多样化和低成本化，融资质押品需要一定的标准化方便监管和变现。

此外，供应链金融生态在互联网时代要顺利运行必须拥有聚合性、丰富性与自循环三种特性。聚合性指的是供应链金融与产业必须是一个聚合体，在这个聚合体中能够承载多种功能性主体，能够满足多种利益主体的诉求。在聚合生态中，上游的制造商、下游的经销商、第三方物流、风险承担者与流动性提供者甚至到客户终端都能通过虚拟化的平台有机融合在一起，提供供应链整体的运营效率。丰富性指的是在供应链金融生态环境中需要提供比传统供应链金融服务更有广度与深度的服务。广度体现为跨地区、跨产业、跨部门的综合调配。深度则主要体现在比传统信贷金融服务更进一步的结构性金融创新服务，如一站式支付、全产业链融资等。自循环体现在线上线下闭环服务，通过线下真实供应链场景搭建、底层数据收集和线上大数据分析与信用风险管理系统的构建来实现。一方面，在这个过程中，保持用户的黏性，提高渗透到客户供应链底层的服务能力是关键；另一方面，产业资本与金融资本的流动循环是一种将供应链生态与金融生态良好结合、互动的能力，是一种互联网金融与供应链金融的融合，同时也是整体供应链金融产生价值的关键所在。

接下来，本章选取两个典型企业的供应链金融生态系统对所提出的理论模型进行解释和论证。目前互联网、供应链金融、产业三者融合的企业非常多，因此选取的供应链金融平台需要具有典型性和代表性。"京东金融"作为供应链金融生态的一个典型代表，代表了互联网企业与实体产业、供应链金融的创新结合。"顺丰"作为一个传统企业，也在致力于打造互联网、供应链金融、物流服务三者融合的供应链金融生态系统，是传统企业构建供应链金融生态系统的典型代表。因此本章选取这两个企业作为分析对象，从互联网、供应链金融、实体产业三者融合的角度，对于两个企业的基于供应链金融平台的商业生态系统进行阐述和分析。

3.2.3 "京东"供应链金融生态

京东供应链金融服务上线时间是2012年11月，经过数年的发展，京东已构建起较为完善的基于供应链金融平台的商业生态系统。在京东金融成立之初，京东已经发展成为国内知名的B2C平台，拥有大量的供应商，因此其涉足供应链金融业务具有坚实的实业基础。在零售行业下游销售商往往对上游供应商采取延迟付款的赊销方式，账期一般为1~3月，上游供应商对于资金回笼的压力比较大，影响着其下一步的采购和生产决策，进而制约着整个供应链的效率。京东供应链金融平台作为电商主导型供应链金融模式，其业务主要是为与其电商平台存在交易关系的供应商提供融资支持，如订单融资、入库单融资、应收账款融资、委托贷款融资等服务，改善供应商的融资约束，加速零售供应链中的资金周转。

表3.2描述了京东供应链金融平台的主要商业模式要素。京东作为国内领先的B2C电子商务平台，其具有规模庞大的供应商群体，且连接着上游各行各业的制造类企业，成为其供应链金融业务的主要客户群。电商平台以及相关系统平台（如物流平台）增强了京东在供应链金融业务中的谈判能力，形成了较强的客户黏性，成为京东供应链金融平台的主要竞争力来源。此外，随着电商平台在大数据方面的积累，形成了京东供应链金融业务的隐性竞争力。电子商务平台的核心竞争能力是低成本的快速响应能力，京东通过自建物流体系可以实现快速的配送服务，而物流体系的打造需要大量的金融资本支撑，因此京东与商业银行等金融机构形成了良好的合作关系，并将这一关系延伸到对供应商的融资支持方面。基于多个平台的联动，京东为供应商提供了优质的线上供应链融资服务。

表3.2 "京东供应链金融平台"商业模式画布

重要伙伴 • 商业银行 • 物流企业 • 核心企业 • 政府	关键业务 • 应收账款融资 • 动产融资 • 企业理财	价值主张 满足供应商的融资需求 • 缩短账期 • 低成本融资 • 价值增值	客户关系 • 线上服务 • 合作共赢	客户细分 • 供应商 • 小微企业
	核心资源 • 系统平台 • 电商平台 • 大数据		渠道通路 • 线上平台 • 线下辅助	
成本结构 • 平台运营成本 • 市场拓展成本			收入结构 • 融资服务佣金 • 理财信托收益 • 信贷利差	

资料来源：作者整理。

在京东提供的供应链金融服务体系（见图3.2）中，供应商首先与京东签署销售合同、货物单据、应收账款等商业票据，在第三方保险机构投保后，资金的发放就可以由银行完成，京东供应链金融平台扮演着供应商与银行之间授信的角色，这一角色有赖于供应商在京东电商平台上积累的长期交易数据。大数据分析为授信提供评价依据，形成了数据质押融资业务，同时京东电商平台作为部分账款的最终偿还者在融资交易中扮演着变相担保者的角色，形成了电商平台与供应链金融平台的有效结合。

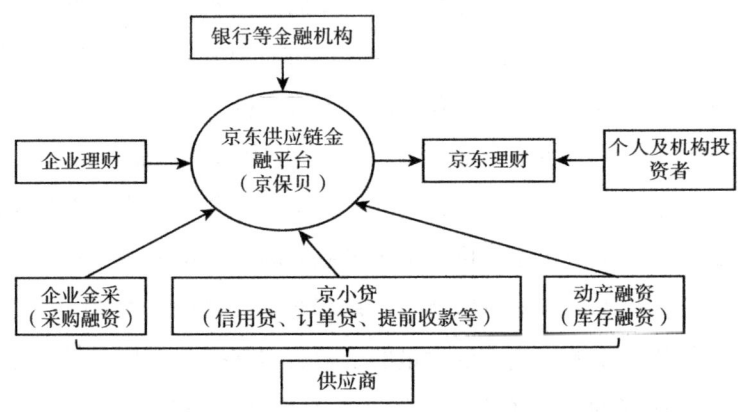

图3.2 京东供应链金融平台业务生态

资料来源：作者绘制。

与此同时，京东供应链金融平台系统还加入了资产包转移计划和信托计划，实现融资与投资的结合。其中，资产包转移计划是指供应商需要将应收账款做质押或者转卖给商业银行获取贷款，银行再将应收账款贷款以理财计划的形式转售给京东或者其他供应商来获得理财收益，在应收账款到期之后，京东付款给供应商，供应商还款于银行。然后，京东又可以根据与银行达成的信托协议将相应的理财产品通过京东理财平台社会化销售获得投资收益。整个过程实现了变相的资产证券化，全程以供应商的应收账款为质押物，衍生出资产包转移计划和信托计划，实现了资金流的加速周转。除此之外，京东进行供应链金融业务的资金还可以来自大量的沉淀资金，由于京东与上游供应商之间存在账期，而京东向消费者销售一般为现款现结，虽然京东为消费者提供了一些消费信贷，但主流消费还是现款现结。大量的沉淀资金为京东开展供应链金融业务，以及其他互联网金融业务提供了充足的现金流。

以京东为代表的网络平台商不仅是产业链的核心参与者,更是一个产业生态环境的缔造者、规则和标准的制定者。一方面,京东通过多个平台结合,有效整合多方参与者,降低了零售供应链中的融资成本,加快了京东商业生态中的资金周转速度,提升了整个价值网络的运营效率;另一方面,由于京东平台多平台的关联机制以及平台的网络效应,平台参与者(特别是小微企业和个人)具有较高的转换成本,因而不会轻易违约,从而降低了京东供应链金融业务的违约风险。

京东供应链金融的发展轨迹是沿着 B2C 平台衍生出来的供应链金融生态圈。在该生态圈中,以京东商城的自营电商为核心企业,以京东供应链金融平台为生态系统基础,以京东物流和交易数据为支撑,通过采取开放服务模式,整合外部的银行、保险企业、供应商等生态参与者,完成电商价值链与供应链金融价值链的结合,实现信息流、物流、资金流、商流的多流整合优化。

3.2.4 "顺丰"供应链金融生态

"顺丰"是一家以物流为主业的企业,经过二十多年的发展,其业务涵盖了物流、金融、电子商务等多个领域,业务模式呈现信息流、物流、资金流融合发展的趋势。顺丰的金融业务始于早期的物流服务保价和代收货款服务等增值服务,发力于 2010 年 8 月试水电子商务业务时所推出的支付工具"顺丰宝"。经过数年发展,以形成支付、理财、保价、保险、供应链金融等多项金融业务。在众多金融业务中,顺丰金融真正具有优势的领域是供应链金融。顺丰在交易数据、物流信息、系统对接、监控系统等四个方面的建设为供应链金融业务的开展奠定了基础。

从表 3.3 可以看出,顺丰供应链金融平台商业模式的主要构成要素。由于顺丰是一家物流企业,其不是供应链金融中的核心企业,主要服务于供应链金融上下游企业间的物流需求,因此积累了丰富的客户资源,主要客户是供应链中的供应商以及其 B2C 平台的电商客户。目前顺丰服务于 3000 多家供应商,涉及 3C 电子、医疗、生鲜、快消等行业,并针对每一个行业形成了比较成熟的物流解决方案和比较固定的客户群。完善的物流服务体系、自建的电子商务平台构成了顺丰供应链金融业务开展的实体基础,形成了顺丰打造供应链金融生态闭环的基础,是顺丰开展供应链金融业务的核心竞争力;基于物流服务体系和电商平台形成的大数据库为供应链金融业务开展提供了信息支撑。由于账期导致的融资约束问题,顺丰供应链金融平台致力于快速、低成本地满足这些客户的动产融资需求。由于顺丰在物流服务过程中与众多核心企业建立了紧密的合作关系,在一定程度上掌握了诸多供应链、产业链上下游企业间的交易往来物流信息以及物流仓储,基于这些交易数据和物流信息,可以较准确地判断融资企业的交易结构和信用状况,进而提供有针对性的融资服务。顺丰供应链金融平台结合这些客户在仓储、速运、冷链、支付结算等方面的业务数据,构建客户信用数据库,并依靠其在物流控制方面的能力降低融资贷款的偿还风险。由于目前顺丰的供应链金融资本来源主要是其自有资金以及理财平台资金,因此其供应链金融平台的收入主要来源于融资服务佣金和信贷利差。

表3.3　"顺丰供应链金融平台"商业模式画布

重要伙伴	关键业务	价值主张	客户关系	客户细分
● 核心企业	● 保理融资 ● 仓储融资 ● 订单融资 ● 信用融资 ● 企业理财	满足供应商的融资需求 ● 缩短账期 ● 低成本融资 ● 价值增值	● O2O 服务 ● 合作共赢	● 供应商 ● 电商客户
	核心资源 ● 物流体系 ● 电商平台 ● 大数据		渠道通路 ● 线上平台 ● 线下辅助	
成本结构 ● 平台运营成本 ● 融资审核处理成本 ● 资金成本			收入结构 ● 融资服务佣金 ● 信贷利差	

资料来源:作者整理。

纵观顺丰金融的商业模式(见表3.3)及各类融资业务(见图3.3)可以看出,其基于实体主业展开。顺丰作为一家物流企业,在物流金融方面有较大优势,在应收账款融资、仓单融资等业务领域有深耕基础。目前其主要开发了针对电商平台商户的顺丰E贷，针对顺丰及顺丰客户上游供应商的保理融资与订单融资，针对企业客户的融资租赁，针对顺丰员工的伙伴车辆融资租赁，以及针对在顺丰仓和监管仓中有库存的融资客户的仓储融资。支付业务是基于电商和快递相关的场景，供应链金融与融资租赁主要基于顺丰物流业务形成的订单、仓储库存、运输设备等资源，以及电商运营形成的数据资源，利用数据资源判断商户的信用状况，利用订单、仓储库存等资源为融资业务提供质押方面的保障，从而降低业务风险。这一系列的融资业务仅仅围绕供应商和客户的业务来往展开，基于这些业务做支付、供应商贷款等金融业务顺理成章。由于顺丰仅是物流服务商而非供应链核心企业，因此在深耕细分行业的供应链金融业务时采取与核心企业合作的方式开展供应链金融业务。此外，由于顺丰金融是基于自身业务资源来开展的，自身业务生态能做到多大，在很大程度上决定了供应链金融平台的发展规模。

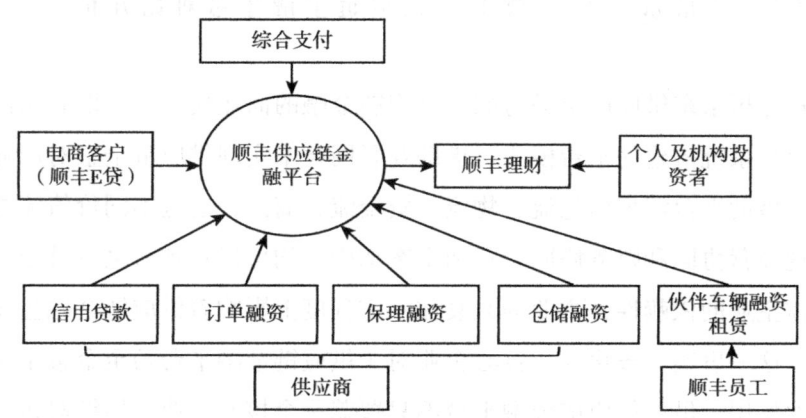

图3.3　顺丰供应链金融平台业务生态

资料来源：作者绘制。

总结这几年顺丰金融的发展思路，主要还是基于主业形成的资源优势来为金融提供场景和风险控制方面的支持。例如，支付业务是基于电商和快递相关的场景，供应链金融与融资租赁主要基于顺丰物流业务形成的订单、仓储库存、运输设备等资源，以及电商运营形成的数据资源，利用数据资源判断商户的信用状况，利用订单、仓储库存等资源为融资业务提供质押方面的保障，从而降低业务风险。顺丰的信用贷款业务也主要以内部员工为对象。

顺丰金融是比较典型的产融结合的模式，各项业务基本都围绕主业与自身场景来展开，而与自身场景关联不大的业务则通过合资来尝试，如入股中"顺易金融"做理财与消费服务。这样的思路对于一家主业为非金融的企业而言应该说是合适的，毕竟发展金融业务，控制风险才是第一位的。这样的节奏也注定顺丰的金融业务发展不会太快，规模难以企及蚂蚁金服、京东金融。

另外，从更深层次的角度来看，目前顺丰并没有像阿里、京东等互联网企业一样把金融业务提高到与主业并驾齐驱的地位，快递物流业务才是企业立命之本，金融只是主业的辅助。打造涉及互联网、供应链金融、实业的企业生态系统是顺丰金融未来的发展战略。实施业务相关多元化、金融服务化和资产证券化等三大战略，实现子战略之间的互相支撑。

3.2.5 "京东"与"顺丰"供应链金融生态对比分析

比较分析京东供应链金融与顺丰供应链金融的商业模式，可以看出两者均是基于信息系统搭建的平台模式，借助互联网技术实现供应链金融对产业的支持作用，借助平台汇聚信息流、物流、资金流、商流，通过不同价值流之间的结合实现经营协同和财务协同。在两个案例中，均可以看到对供应链金融平台对于实体主业的依赖性，主业的兴衰在一定程度上影响着供应链金融生态的运行效果。这一事实一般化为，核心企业对于供应链金融平台乃至金融生态系统的关键性作用。虽然供应链金融平台不只覆盖一个核心企业，但针对每一个核心企业的供应链金融方案都应沿着其特有的价值链进行，价值链之间虽有交叉，但交叉的基础是业务逻辑，即业务之间的关联，特别是在资源和能力的互补性方面。

供应链金融产生的基础是企业的融资性约束，而融资性约束在很大程度上来源于供应链上下游之间的账期问题，在京东和顺丰两个案例中都可以看到强大的核心企业对于供应链上下游的影响。有所不同的是，京东本身是供应链中的核心企业，而顺丰仅是服务于核心企业的物流企业，因此两者在供应链中的话语权不同，业务开展模式也有所不同。京东主要是为其供应商或平台电商提供融资服务，由于这些资金需求者在京东电子商务平台都有较长的销售记录，且资金的流动都是基于京东的支付结算平台，因此其供应链金融业务开展过程中，相对供应商拥有更多的话语权，融资风险也因京东对结算账户的控制力而降低。但对于顺丰而言，由于顺丰供应链金融平台的客户基本是有物流、仓储等需求的供应商，物流、收款、结算等业务均是基于供应商的委托，因此相应的话语权有所降低。而且顺丰在供应链金融资金来源方面主要依赖自身，与银行等金融机构的合作还相对较弱，在对供应链融资贷款的变相资产证券化方面还有较大的提升空间，在产融结合的探索方面还有待厘清发展路径。

纵观京东和顺丰的供应链金融业务，可以看出两者都旨在打造基于供应链金融平台的商业生态系统。实体产业与供应链金融资本相融合，以金融资本促进实体产业的发展，以实体产业为金融资本提供资本增值的机会；借助于互联网技术，发展相关的消费金融等互联网金融业务，加速供销流程中资金的周转速度，提升价值网络的价值增值能力。

3.3 "互联网＋供应链金融＋实体产业"的螺旋式发展

供应链金融商业生态系统是供应链金融发展的高级阶段，在这一阶段产业生态与金融生态循环迭代。实体产业历经"交换—生产—流通—交换"等过程，通过循环实现资本增值（成思危，2014）。产业中物质和能量的流动主要依赖货币作为价值媒介，货币则主要存在于金融市场。供应链金融本身就是为实体产业服务的，是金融资本和产业资本有机结合的一种模式，借助互联网技术可以低成本、高效、创新性地加速两者的融合。

借鉴 Etzkowitz 和 Leydesdorff（2000）运用动力学理论提出分析"大学—产业—政府"之间关系的三螺旋模型，本章认为基于供应链金融平台的商业生态系统可以实现互联网、供应链金融、实体产业三者螺旋协同发展（见图3.4）。三者在部分重叠区域形成一个共同的知识基础结构，并在交叉区域形成各种不同的混合协作组织，从而推动三者的螺旋发展。互联网、供应链金融、实体产业作为构成企业产融结合模式的三个部分，分别代表了技术、资本、产品和服务生产，三者互相支撑、互相交叉，共同完成价值的创造。

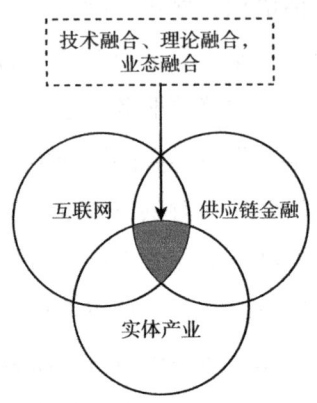

图 3.4　"互联网＋供应链金融＋实体产业"的横向三螺旋关系

资料来源：作者绘制。

在"互联网＋供应链金融＋实体产业"的三螺旋商业模型中，互联网是催生技术变革和管理变革的技术基础，是综合集成社会物质资源、金融资源、知识资源的网络平台，通过技术融合、理论融合和业态融合，优化整体资源配置效率。"互联网＋"不是对传统产业的颠覆，更多的是对传统产业转型升级的支持。"互联网＋"模式颠覆了传统的商业规则，对于产品生产方式、服务方式产生了深刻的变革。传统供应链金融更多的是针对价值较高的高端客户，主要是局限于运营成本和低端客户的服务成本。而互联网与供应链金融的结合，借助互联网平台技术，可以有效降低客户的服务成本，使针对低端客户的服务成为可能，快速抢占有融资需求的低端客户群，颠覆了传统的融资模式。供应链金融的作用不仅局限于提供融资服务，更重要的是推动非金融企业经营模式和营销模式的创新。互联网、供应链金融、实体产业之间的跨界融合将为新一轮商业模式创新提供新的知识基础，且融合过程中的价值重构成为创新的关键，而市场则继续作为创新成功与否的评判者。

纵观三者之间的融合过程，可以将价值重构过程分为四个层次，即技术层面的融合、业务运营层面的融合、供应链上下游的融合以及生态系统中价值网络的重构。技术层面的融合是指产品和服务的开发过程中,增强互联网技术的应用,增加金融服务功能,如智能联网产品的兴起和互联网金融平台的兴起。运营层面的融合是指企业内部的运营通过互联网、供应链金融实现对原有业务模式、业务流程的重构。供应链上下游的融合是指供应链上下游企业之间的协作通过互联网实现联通,通过金融资源配置实现协作模式和价值创造流程的再造,如利用远程视频聚集多企业协作,利用供应链外部融资加速供应链中的资金周转速度等。而价值网络层面的重构则是基于生态系统角度,去考察企业与供应链伙伴、政府、科研机构、市场经济环境、法律环境等外部利益相关者和环境之间利用互联网和金融实现对价值网络的重构。

3.4 本章小结

以平台型商业模式为代表的商业生态正在席卷各个行业,生态系统中信息流、物流、资金流和商流的流动方式、交易方式以及结合方式等都发生着重大变化,对于这些变化的应对之策,可以选择从供应链金融的角度搭建商业生态系统。其原因在于,供应链金融作为产融结合的一种模式,不仅根植于供应链管理,还有效整合了内外部金融资源,以供应链业务层逻辑为基础,以信息系统、管理系统等的对接为手段,以金融资源优化配置为导向,以实现价值网络中参与者整体的价值最大化为目标。

供应链金融以平台模式在商业生态系统中扮演着资源整合者的角色,该角色的实现有赖于底层业务系统、平台系统和网络整合系统的完善。底层业务系统的信息化及重新组合可以有效解决企业间的"信息孤岛"问题,降低企业间交易活动的成本;平台系统发挥中介作用,聚合各方资源,为资源之间的互补和交换提供中介,特别是通过平台在信息收集方面的优势,降低中小型企业的融资难度;网络整合系统通过将供应链信息平台、交易平台、物流服务平台以及金融服务平台等多方平台进行整合,实现不同业务系统间的运营协同和财务协同；其中，供应链金融服务可以底层业务逻辑为基础，以平台为手段，满足交易活动中的融资、支付结算和资本增值等需求。通过将供应链金融平台融入商业生态系统中，有效将多方参与者的利益绑定，依托其中的核心企业链接生态链上下游的中小型企业，发挥核心企业的信用倍增器功能，实现融资贷款的风险控制。

  以互联网金融、供应链金融、智能制造等为代表的跨界融合已成为产业结构转型升级的主要方向，利用互联网技术和理念，加速实体业务和金融业务的有机结合，打造基于互联网、金融和产业三者融合的供应链金融服务能力将是未来商业生态系统的核心竞争能力之一。对于产业链或者供应链足够大的核心企业而言，通过自建供应链金融平台可以有效地占据商业生态系统的优势生态位，实现自身商业模式的创新，赢得竞争优势。但在以中小型企业为主的现有经济结构中，中小型企业在搭建供应链金融平台方面并不具有规模优势，因此中小型企业普遍采取与第三方供应链金融平台合作的方式，将该平台引入其企业生态系统中，实现对原有商业模式的变革创新。接下来一章，通过对供应链金融业务活跃的零售行业的调研和分析，论述零售企业如何通过引入供应链金融平台实现商业模式的变革，构建基于供应链金融的零售企业商业生态系统，赢取竞争优势。

第 4 章

产融结合模式的演化路径的研究
——基于供应链金融视角

随着国内外企业产融结合发展的深入,产融结合模式演化问题已经成为产融结合研究的重点之一。本章依据国内外企业产融结合实践,对产融结合模式的演化历程进行了分析和总结,并基于商业模式冰山理论与资源基础理论,将产融结合的隐性知识概括为 3 个维度:社会关系网络、协作机制和科技水平。结合美国通用电气公司(GE)、联想控股的产融实践,本章分析了国内外企业产融结合模式与外部环境的匹配性,并基于这两个案例的产融结合模式对比,特别是在隐性知识方面的差异,建议国内生产导向型企业聚焦主业相关多元化,采取渐进策略实现产融结合,降低跨越式转型风险。

4.1 产融结合发展概述

纵观国内外企业的发展历程,产融结合在大企业集团的崛起历程中发挥着难以忽视的重要作用。特别是随着我国资本市场的日趋成熟,越来越多的国内大型企业在充足资本的支持下,纷纷涉足金融业务,由产而融的产融结合经营模式(如房地产开发+房地产金融、汽车制造+汽车金融、电子商务+互联网金融等)逐渐成为很多大型企业集团的未来发展战略。据统计,世界 500 强企业中的绝大多数企业均有不同程度的产业资本与金融资本混合经营的业务和战略,国内上市企业中也有相当多的规模以上企业涉足金融业务或参股金融机构。

产融结合模式的产生源于发达国家企业集团的大型化发展过程：第一，外部上下游产业链交易过程中产生了强烈的金融服务需求，而这些外部投融资需求难以依靠外部金融机构低成本、及时地解决；第二，受限于自有资本实力，企业难以实现快速扩张和多元化经营；第三，企业内部资金也在寻求投资途径以实现风险和收益的平衡，优化资产结构。因此大型企业集团开始涉足金融业务，在支持主业发展的基础上不断拓展相关领域的金融业务，以产业资本增信金融资本，以金融资本支持产业发展，实现两者在财务协同、业务协同、战略协同等方面"1+1>2"的协同优势和螺旋上升。自此，金融服务逐渐成为传统实业的利润增长亮点，其中美国通用电气公司（General Electric Company，GE）的产融结合实践是这一趋势的典型代表。

由于我国的市场经济起步较晚，我国大型企业集团的发展历史比较短暂，企业的产融结合起步也比较晚，还处于探索阶段。国外的产融结合实践虽然可以借鉴但无法照搬硬套，且国内外不同的法律环境、金融环境、政治环境等都对国内企业产融结合模式和发展路径有着重要影响。国内的产融结合企业集团，如联想控股股份有限公司（以下简称"联想控股"）、海尔集团公司等，目前多数是通过独立的财务公司、投资公司、参股或控股金融企业实现经营金融业务，获取资本增值。在激烈的市场竞争中，产融结合成为众多大型企业寻求竞争优势的工具。特别是在宏观经济不景气的时期，产业结构面临改造升级，而资本无疑是推动这一变革的重要动力。国家相关部门也制定了一系列的支持性政策和宽松性法律法规来支持企业产融结合和多元化发展，国内企业在产融结合实践中也不断创新，经历了从无序繁荣到严格管制再到有序兴起的历程。

纵观国内外企业的产融结合发展历史，可以看到一条"融合—分离—再融合"的发展轨迹，在这一过程中产融结合的模式也随着企业的战略以及隐性知识的变化而不断演变。本章主要聚焦"由产而融"的产融结合模式，通过比较分析国内外企业产融结合模式的演化历程，基于商业模式冰山理论和资源基础理论对于其中的隐性知识进行了重点研究，找出制约企业产融结合发展的关键资源和能力，从而指导企业更好地实践产融结合模式。

4.2 产融结合相关理论基础

"由产而融"的产融结合模式源于企业集团化、大型化的过程中,是产业资本与金融资本的一种内在融合,依靠成立独立财务公司、投资公司,或者参股、持股、控股金融企业等方式实现产业资本向金融领域的渗透,实现经营多元化和资本金融化,在支持主业发展的基础上实现对关联业务领域以及跨行业的扩张,优化资产结构,提升资本运营效率。从经济学角度来讲,产融结合可以通过利用金融资本加强对产业链上下游的控制,并实现跨行业经营,将交易活动从外部转化为内部,通过内部关联交易整合多方资源和能力,优势互补,节约交易费用,降低讨价还价成本、监管成本,有效地解决信息不对称问题等,更加有效地从整体角度优化资源在上下游间的配置,从而实现规模经济和范围经济。

从管理视角看,产融结合模式可以有效整合内外的资源和能力,构建起有价值的、稀缺的、不易被模仿和替代的竞争优势。资源基础理论认为,企业间的资源和能力具有异质性、互补性,产业资本受限于自有资本的有限性和流动性,必然需要金融资本在产供销扩张、收购兼并方面提供融资支持;而且随着企业经营管理理念的演变,大型企业越来越倾向于参股、控股相关企业,而非采取自营模式,这就使企业对金融资本有了更大的需求。Ansoff 在协同战略理论中指出,企业的经营活动与投融资活动协同配合,可以帮助企业更好地把握市场机遇,取得多元化业务经营的协同效应。Campbell 指出,对显性资源的分享使用可以实现不同组织间的互补效应,即在不影响各组织原有使用的基础上实现了协同效应。产业资本与金融资本在经营属性上的互补性决定了各自占有的资源具有非常强的互补性。

"由产而融"的发展路径主要围绕两个协同效应,即经营协同与财务协同。经营协同包括规模经济性和范围经济性,反映在平均固定成本或者可变成本中一方面或者两方面的降低。财务协同是指因为产业资本与金融资本混业经营带来的资金成本的降低。金融业务可以通过金融市场借助金融工具进行操作，如公司债券、应收账款融资、应付账款融资、预付账款融资、抵押担保、融资租赁等，为产业链上的参与者提供融资、交易结算等金融服务，帮助产业实体合作伙伴及自身获取低成本的营运资金和扩张资金。产业发展依存于与主导产业价值链相关的金融产业。而围绕金融协同的融合，主要是产业实体在资金实力、社会网络方面为金融业务提供无形的信用担保以及有形的资金支持，金融业务可以借助产业组合的信用担保和资金支持，从金融市场获取更低的融资成本，开展财务投资管理。产业资本与金融资本相互促进、协同优化，实现两者的螺旋上升。产融结合模式横跨实体产业和金融市场，涉及产业运营和金融投资，构建的是一个复杂系统。而产业资本与金融资本间的融合是非线性的，两者的综合集成需要在战略、运营、业务等层次进行综合考量，此外还要考虑外部环境的影响，众多因素综合影响导致实施产融结合战略的企业市场表现不一。Christos 根据多个国家的横截面数据实证分析发现，资本市场成熟度和法律体系完善度对于企业产融结合实践效果有显著影响。Steven 和 Maria 则通过实证分析发现，企业所有权的变更对于企业产融结合前后的全要素生产率有显著影响。Rumel 在其著作中就指出，核心能力的延伸效应以及资源共享机制，可以促进相关多元化的跨行业经营绩效，但过度多元化的经营则难以获得核心能力和资源的协同效应，对于企业绩效的影响也是负面的。王松华和胡敬新的实证研究指出，我国企业的产融结合实践仍以信贷关系为主，以取得低成本的外部融资为主要目的，企业产融结合的运营效率较低。万良勇等的实证研究也表明，上市公司参股金融机构可以显著缓解企业外部融资约束状况。蔺元基于对 2001~2007 年参股非上市金融机构的上市公司的实证研究表明，只有在参股比例超过 20% 时，实施产融结合的上市公司相比较于未实施产融结合的上市企业才具有更高的成长能力。综上所述，企业产融结合实践的效果不仅取决于多元化策略（相关多元化或者非相关多元化），还取决于产融结合的模式和程度等因素。

针对产融结合模式效果的评估结果，国内外相关的研究对此莫衷一是。Porter 指出，协同效应的负面影响来源于企业对资源协同效应的错误理解和错误执行。Campbell从资源形态和特性的角度指出，协同效应主要是通过对隐性资产的使用来实现的。而从知识管理的角度看，隐性知识成为制约企业战略和商业模式能否取得成功的关键。因此，产融结合模式中的隐性知识成为制约企业产融结合效果的关键因素。

4.3 产融结合模式的演化路径

产融结合模式涉及企业内外部环境中的各种因素，这些因素对模式的选择和实施效果均有不同程度的影响。通过梳理国内外的产融结合发展历程，可以看出，产融结合模式的演化受到法律环境、政治环境、经济环境、行业环境以及分工模式等的影响。本章通过将企业的产融结合模式的影响因素分为显性知识和隐性知识两类，从资源和能力的角度说明了模式演化的内在动力以及决定因素。

4.3.1 国内外产融结合模式演化历程

国外企业的产融结合之路与外部经济环境、法律政策、金融事件、分工模式有着密切联系。20世纪前期，西方国家工业化方兴未艾，企业为取得规模经济而进行的兼并活动增多，借贷需求增多，此时政府普遍实施自由竞争的经济发展策略，工商企业和金融机构之间相互持股和跨业经营不受法律限制，产业与金融的融合形式处于低级阶段。20世纪30年代的"大萧条"促使凯恩斯主义兴起，金融监管机构加强监管，工商企业和金融机构之间的相互持股越来越受到限制，特别是金融机构经营实体产业。"大萧条"过后经济复苏，大型企业不断涌现，以生产管理和运营管理为核心的制造业企业普遍采用纵向一体化模式，全产业链经营模式备受推崇，企业集团外部投融资需求急剧增加。金融管制措施不断放松，混业经营模式盛行，企业集团纷纷涉足金融领域，搭建多元融资平台，大量利用金融工具进行外部融资，参股或控股金融企业。到了

20 世纪 80 年代，随着金融创新的不断涌现，企业经营由生产主导转为需求导向，价值链管理进入以企业间协作为特征的供应链管理时代，核心企业更多地利用外包、离岸生产等方式将非核心功能转移，自身专注于打造以服务、设计、开发等核心能力，占据价值链的主要增值环节。这一阶段，企业产融结合模式中对金融的定位也演变为打造金融服务能力，支持掌控实体产业链发展，其中部分企业在金融业务方面的收益逐渐超过实体产业收益，成为产融结合成功的典范，如 GE。但自 2008 年金融危机以来，金融危机使金融风险对实业的冲击影响凸显，促使部分产业集团自主回归实业，减少金融业务，有效降低系统性金融风险对于企业整体的影响。国内企业的产融结合之路大致经历了 3 个阶段，其中银行投资实业的法律限制伴随始终，"由产而融"模式是发展的主流。从改革开放到 2004 年前为前期阶段，产业资本通过控股或参股金融机构形成各具特色的产融集团，业务普遍涉及多个行业；产业资本和金融资本两者混业经营，在经营形式上普遍采取集团控股模式，代表企业有海尔集团、德隆集团等。前期阶段，政府在政策和法律上给予的宽松环境为企业产融结合实践提供了较大的创新空间，但同期产融结合中暴露的问题和风险也极剧增加，亟待法律和政策进行规范。2004 年，"德隆事件"促使监管层加强对企业产融结合模式的监管力度，产融结合模式进一步规范化，产融结合处于低潮期。2008年以后，政府出于刺激经济的考虑，监管机构出台了一系列规范性的法律法规逐步放松产融结合的限制，特别是 2010 年国务院国有资产监督管理委员会明确对中央企业产融结合模式持支持态度后，形成了一轮新的产融结合浪潮，其中主要模式包括工商企业参股控股金融企业模式（如新希望集团参股中国民生银行）、以财务公司为平台的模式（如一汽财务有限公司）、准金融控股公司模式（如华能资本服务有限公司）、多元结合模式（如中信集团）。

纵观国内外的产融结合模式发展历程，企业产融结合的浪潮与法律环境、宏观经济环境息息相关。在每一次经济危机中，政府往往加强金融监管，产融结合的无序化发展得到遏制和规范，成为下一次产融结合快速发展的基础。与此同时，产业分工模式的转变、新技术的不断涌现都深刻地影响着企业的战略定位以及经营管理模式，隐性资产和隐性知识的重要性不断增强，成为企业竞争优势的关键因素。企业产融结合战略服务于企业发展战略，隐性知识也成为产融结合模式能否成功实施的关键。

4.3.2 基于商业模式冰山理论及资源基础理论的产融

结合模式分析借鉴"先分解后集成"的TEI@I方法理论，企业产融结合的目标可以分为两部分，即内部资金融通和外部资本增值，因此本章通过分析这两个目标实现手段之间的关联性来实现对企业产融结合活动系统的集成。内部资金融通主要是服务实体产业发展融资需求，利用金融资本支持产业扩展。而外部资本增值目标既包括产业资本的外部增值，也包括利用外部金融资本增值反哺产业资本。这两个目标中包含着企业的金融业务和非金融业务，而这两项业务的商业模式在核心能力、风险来源、收益来源、客户等方面均存在不同。

金融业务的核心能力主要是风险管理能力、投资增值能力，主要收益来自服务金融机构和关联企业的服务费以及资本利得等。而非金融业务主要是服务关联企业以及消费者，主要收入来源是销售收入以及服务收入，运营能力和整合能力是非金融业务的核心能力，风险来源包括经营风险、竞争风险、整合风险以及财务风险等。这两个目标的实现都需要企业通过自建或控股金融企业的方式涉足金融业务，打通金融资本与产业资本互动的机制和通道。企业所特有产业资本如何与金融资本融合属于需要探索的"黑箱"，含有较多的隐性知识，是非金融企业并不熟悉和擅长的部分，是需要花费资源构建的能力。

国内外企业集团的产融结合实践既有成功也有失败，这主要是因为产业资本与金融资本的融合除了易于学习和获得的显性知识（如宏观经济环境、行业环境、法律环境等）、显性资源和能力外，还包含着大量的隐性知识（如社会网络、股权机制、激励机制、协作机制等）和异质性的隐性资源和能力。依据知识管理冰山理论以及资源能力基础理论，可以解释"为什么产融结合模式在不同的企业会有不同的实践效果"（见图4.1）。

产融结合模式中的显性知识是指可以通过Porter五力模型、商业模式画布等工具分析出的、容易被系统化表述和复制的、难以形成竞争优势的知识部分。这

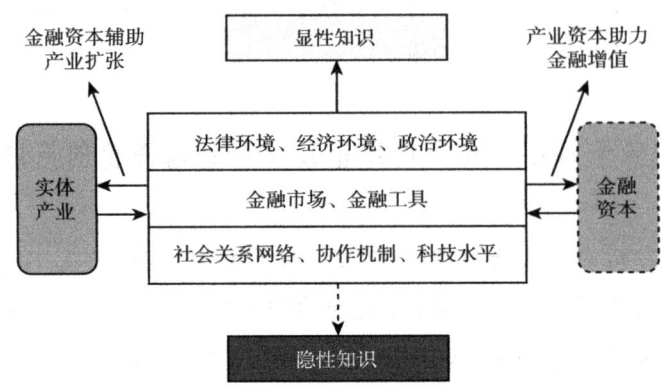

图4.1 产融结合模式知识类型

一部分知识主要涉及企业所处的行业环境、法律环境、宏观经济环境等,可以被竞争对手在短期内获得。而产融结合模式中的隐性知识则包括协作机制、利益分配机制、企业文化、行业特质、外部社会网络、关联性权利制度等不易被掌握和复制的因素,是构成企业竞争优势的关键部分。通过理论分析,可以识别出产融结合中社会关系网络、协作机制、科技水平3个维度的隐性知识。

(1) 社会关系网络维度。

社会关系网络是指企业与外部利益相关者间隐性的非交易性关系网络。商业合作除了常见的利益考量之外,在很大程度上取决于组织间以及个人间非正式、非交易性的关系,产融结合也是如此,例如,紧密的往来联系有助于金融机构增强对企业的了解以及合作信心,有利于降低企业融资的难度和成本。产融结合意味着企业需要离开原有的实体产业社会关系网络系统,踏入自己并不熟悉的金融业务领域,要想在该领域获得市场、资源,离不开与政府、金融监管机构、金融机构等社会角色发生更为深层次、更为复杂的利益联系,企业以往的社会关系网络需要更多的维护和变革,其中一个例子就是非金融企业对于金融机构人才的强烈需求。

(2) 协作机制维度。

协作机制主要是指产业资本与金融资本在企业经营活动中的协调配合机制。实施产融结合战略的企业一般为多元经营、跨行业经营,不同的经营业务如何与金融业务对接匹配，实体经营战略如何与金融发展战略保持协调一致，都决定了两者融合的成效。这些协作机制在企业内部主要表现为信息系统集成、财务资源分配、资产结构优化、工作流程整合、子公司股权结构配置、跨部门和跨职能协同等。

（3）科技水平维度。

科技水平影响着企业间的交易结构和交易方式，如苹果公司的技术创新能力对于其控制产业链具有决定性作用，也影响着其在资本市场的表现和境遇。企业战略层面的产融结合落地离不开信息技术、大数据技术、云技术、物联网的支持，如互联网金融对大数据技术的依赖，供应链金融对信息系统、物联网的依赖。业务层的协作也离不开科技的支持，如制造企业涉足金融业务需要在职能部门间建立有效的沟通机制，金融业务需要掌握制造进度、销售情况以开展融资业务。科技水平维度的隐性知识因行业、业务而异，是产融结合落地的"黑箱"之一。

综上所述，在企业集团的产融结合实践中隐性知识是关键性制约因素。在企业相关多元化发展中，由于隐性知识间的互补性与共享性，新的隐性知识所需较少，企业并不需要花费大量的资源便可获得；而在企业的非相关多元化发展过程中，行业跨度越大，联合经营所需掌握的隐性知识越多，并且知识量将随着跨行业数目呈指数增长，企业掌握这些隐性知识的资源成本和时间成本都比较高，综合性企业折价现象更为显著，企业集团的融合战略难以取得正向的协同效应。正是由于产融结合中隐性知识的存在，很多采取非相关多元化经营战略的大型企业的业绩表现和市场表现要低于非多元化的企业。

4.4 产融结合相关案例分析

GE是许多欧美企业实施产融结合的模板，其产业资本与金融资本的有机融合始于20世纪30年代初，其长期产融结合实践是研究国外企业的产融结合演变之路的典型案例。联想控股的产融结合实践近年来取得了显著成绩，其产融结合模式极具中国特色，与中国的经济发展历程有着紧密联系，是反映国内企业产融结合之路的代表企业。因此，本章结合 GE 和联想控股的产业与金融融合发展实践经验，对国内外企业集团产融结合的战略实践进行归纳总结。

4.4.1 GE 的产融结合模式

GE 是世界上最大的多元化服务性公司之一，在全世界 100 多个国家开展业务，其业务领域涉及能源、设备制造、高新材料、基础设施、医疗等实体产业，以及消费金融、商业金融、保险等金融服务产业（见图 4.2）。GE 的发展战略也经历从杰克·韦尔奇时代的金融为主、实业为辅，到杰夫·伊梅尔特时代的实业为主、金融为辅。

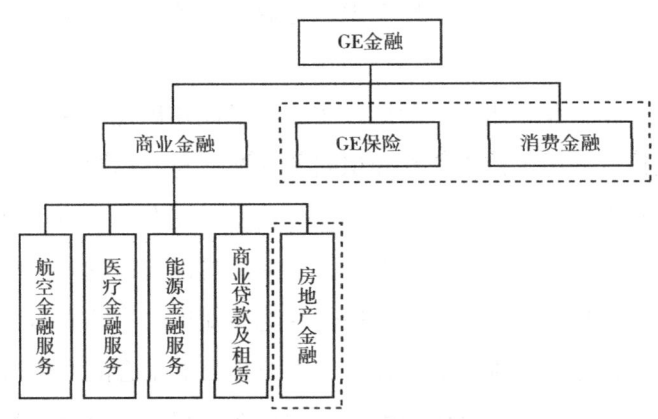

图 4.2　GE 金融业务结构

资料来源：GE 官网。

GE 的金融业务始于服务实业。在企业创建初期，为了扩大销售，GE 开始为销售对象、消费者、供应商等提供诸如商业信贷、消费信贷、设备租赁、工业贷款等金融服务，但业务主要是为辅助集团内部各个实体业务部门。随着 GE 企业规模大型化，利用充足资本，GE 实施了多元化经营战略，涉足其他行业。不断扩大的业务范围带来了巨大的金融服务需求，GE 在金融业务中获取的收益也越来越多，CEO 杰克·韦尔奇将战略重点转向金融服务。GE 金融此时的服务对象不再局限于集团内部,而是扩大到集团外部产业链上下游,甚至各个国际市场。GE 的产业资本与金融资本融合产生了协同效应:GE 金融借助 GE 产业拓展了客户群,并为 GE 产业带来了丰厚的收益和利润,为 GE 产业扩张提供了充足的现金流,并提升了 GE 产业的信用评级;GE 产业的高信用评级反过来降低了 GE 金融在金融市场的融资成本;产业资本与金融资本有效地实现了经营和财务的双协同,二轮驱动成为 GE 的增长动力。

GE 金融在 GE 发展战略中的定位因企业 CEO 的更替而不断演变。杰克·韦尔奇的继任者杰夫·伊梅尔特力主削弱非相关金融业务,特别是在 2008 年金融危机的爆发后,过度依赖金融的业务结构在系统性风险面前面临巨大挑战。金融危机期间,GE 金融因消费金融、房地产金融等业务损失惨重,直接拖累 GE 总体利润大幅下滑,企业随即遭遇信用评级降级。作为系统重要性金融机构,2010 年美国金融监管部门出台的监管法律极大地限制了 GE 金融业务的灵活操作,压缩了其利润空间。脱离主业的多元化经营既难以应对金融市场的系统性风险,也容易使企业丢失竞争优势,不再赢得资本市场的青睐。因此,近年来 GE 在保留未来实业发展领域内的关键性、支持性金融业务基础上,逐步出售非相关性金融资产(如消费金融、保险、房地产金融)以获取资金流,加快在制造业的布局,借助智能制造、互联网技术,打造以"工业互联网"命名的新商业模式。

4.4.2 联想控股的产融结合模式

联想控股创办于 1984 年,起步于 IT 产业,在大型化发展过程中,凭借充裕资金流和融资能力逐步拓展多元化经营,逐步涉及 IT、投资、地产等三大行业,下属联想集团、神州数码、联想投资、融科智地、弘毅投资 5 个子公司,形成了实业与投资相辅相成的产业集团,实现了"战略投资+财务投资"协同驱动型的新型商业模式(见图 4.3)。

目前,联想控股的战略投资业务聚焦于 IT 产业、现代服务、医疗服务、农业和食品以及创新消费四大领域。联想控股的产融结合布局遵循"以主业

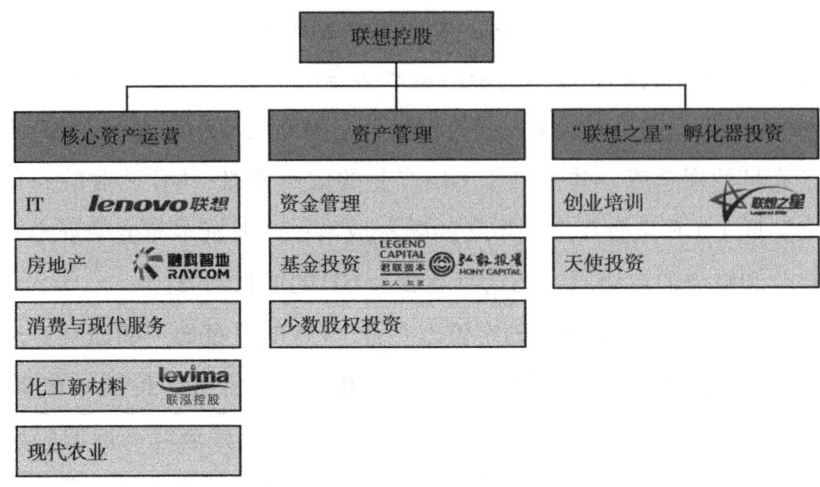

图 4.3　联想控股业务结构

资料来源：联想控股官网。

带动关联产业，以投资驱动主业发展"的双驱互动发展模式。联想的战略投资业务主要是对实体主业的支持，通过在金融市场获得的低成本融资不断拓展其核心资产规模。立足 IT 行业，旗下联想投资不断拓展 IT 关联行业的风险投资业务，关注成长性行业和企业。除主业外，联想控股还投资非关联性行业和企业，利用 IT 产业的优势带动联想科技园类似的工业地产开发，并逐步拓展到商业房地产、住宅房地产领域；通过旗下弘毅投资进行股权投资及管理业务，业务涵盖新能源、新材料、金融服务、文化娱乐等未来成长领域。纵观联想控股的产融结合实践，金融业务作为一种支持性工具，通过金融平台（联想投资、弘毅投资）从金融市场获取低成本资本，利用外部融资与内部盈余拓展核心运营资产的战略投资和财务投资，将金融业务置于与产业发展同等重要的位置，致力于打造投资控股集团。

4.4.3　GE 与联想控股产融结合模式对比

GE 和联想分别是国内外两个典型的产融结合实践企业，两者产融结合模式的演变既具有相同点又有所差异（见表 4.1）。GE 与联想控股在产融结合的发展过程中均受到外部法律环境、宏观经济环境、金融环境、产业环境等因素的影响，两者的产融结合模式演化路径呈现出与外部环境的高度匹配。

表4.1　　　　　　GE、联想控股产融结合模式对比

企业集团	GE	联想控股
市场条件	金融市场成熟，允许金融资本与产业资本互相持股	金融市场有待完善，只允许产业资本持股金融企业
金融业务资金来源	货币市场和资本市场融资，如债券、商业票据等	货币市场和资本市场融资（如基金），以及集团下属成员的存款
金融业务范围	集团内外，集团关联性较弱，如消费金融、融资租赁、保险、抵押贷款等；全球化运营	集团关联性强，专注IT产业，以及产业链上下游，中国市场为主
风险控制能力	强金融市场导向，金融业务占比较大，主要依靠市场配置金融资产	金融业务占比较小，依靠金融市场配置金融资产的同时主要关注产业链风控
社会关系网络	与外部金融机构、金融市场联系密切，具有成熟的社会关系网络	与外部金融机构、金融市场联系较弱，社会关系网络处于构建阶段
协作机制	机制成熟，制度规范，落地执行力强	机制、制度、落地执行水平均有待提高
科技水平	掌握核心技术，产业链控制力强	核心技术较弱，需要依靠规模优势形成对产业链的控制力

从表4.1可以看出，GE与联想控股的产融结合模式所处的外部环境和内部环境有极大的不同。美国发达的金融市场为GE的产融结合实践创造了良好的金融环境，其可以充分利用各种金融工具开展投融资业务，可以利用多样化的资产组合降低非系统性金融风险。GE在较长的产融结合实践中，已经构建起强大的社会关系网络，在产业资本和金融资本的战略协同、运营协同、业务协同等方面已形成了成熟规范的协作机制。相比较于联想控股，GE具有更为深厚的技术积累，对核心技术的掌控能力更强，在产业链、供应链中极具话语权和控制力。而联想控股处于国内不太成熟的金融市场中，金融业务的资金来源主要是其基金业务以及集团下属成员的上缴盈余，业务范围比较局限于其优势产业，如IT行业、消费与现代服务方面。联想控股的金融业务发展时间较短，其风险管控体系还有待完善，与外部金融机构、金融市场联系也相对较

少，社会关系网络还处于构建阶段。

此外，在协作机制方面，联想控股的实体产业业务与金融业务的协作机制在完善性、制度规范性以及落地执行水平等方面均有待提高。联想控股实体产业的主要优势还是在规模经济、营销网络，其核心技术能力相对较弱，这也导致其在产融结合过程中很难像 GE 那样在产业链中具有较高的管控能力。综合两者的共同点与差异可以看出，联想控股还处于产融结合的初级探索阶段，在风险管控能力以及社会关系网络、协作机制、科技水平等隐性知识方面还有待提高；只有深耕主业，加强外部合作才能更好地发挥产融结合的优势。

4.5　本章结论与管理启示

产融结合可以发挥产业资本与金融资本在财务、运营、战略上的协同效应，有利于企业集团获得竞争优势。但产融结合模式中包含诸如社会关系网络、协作机制、科技水平等维度的隐性知识，这些隐性知识对于产融结合的成败有着重要影响。不同企业所处的外部环境和内部环境各异，如果不能识别和掌握这些异质性的隐性知识，企业的产融结合实践极可能面临较大损失。产融结合作为一把"双刃剑"，在提升企业综合竞争力的同时，高杠杆也意味着高风险，金融风险会向产业资本传导，导致整体收益下降。

目前很多国内制造企业还处于生产销售阶段，要想实现产融结合，借助以上国内外两个实例分析，本章建议从生产导向型向服务导向型的转变涉及较少的隐性知识，利用转变过程不断拓展外部社会网络，特别是与金融市场、金融机构的联系；提升企业内部信息流、物流、资金流的协作水平和管理水平。聚焦主业相关多元化，降低直接由生产主导模式向产融结合模式跨越的风险，采取渐进战略，立足业务结构重组借助第三方金融服务，注重跨界合作，提升主业竞争力，不断积累产融结合所需的隐性知识，实现向产融结合模式的平稳转变。

第 5 章

基于供应链金融平台的零售企业生态系统模型研究

5.1 引 言

零售企业作为直接服务消费者的终端,对于上游供应链具有极强的依赖性,而传统零售企业的商业模式主要集中关注信息流和物流对于效率的提升,往往忽视了对内外部资金流的有效利用和管理。零售企业在物流、信息流方面的边际回报随着潜力挖掘难度呈递减态势,如何有效地整合优化资金流正成为零售价值链的新掘金点(Zhao and Huchzermeier, 2015)。在当前中小型企业外部融资难、融资贵的金融环境下,零售供应链节点企业的短期融资困境已成为整个供应链效率提升的瓶颈。国家统计局近 10 年的统计数据显示,中国零售企业应收账款和应付账款余额均呈现指数增长,其中应付账款的规模超过了应收账款的规模,可见零售企业在零供关系中处于强势地位。而零售企业往往采取上游延迟付款、下游加速回款的策略,零售企业对上游供应商的账期付款一般为 3 个月左右,这种付款方式加大了上游供应商的资金压力和成本压力,挤压了上游利润,使得零售供应链具有较强的融资需求。零售行业低毛利、高周转的特点对资本提出了强烈的需求。目前,商业银行仍是零售企业主要的融资渠道,零售行业以中小型企业为主的特点对融资的速度和灵活性提出了较高的要求,而中小型企业信用状况差、担保物缺乏、信息缺乏透明度的特点使得商业银行传统的信贷模式难以适合中小型企业客户环境。

供应链金融基于信息技术和物流技术有效解决了信息不对称问题,为零售供应链外部融资提供了新途径。供应链金融强调基于信息技术整合供应链上下游企业、外部金融机构,通过企业间协作和自动交易,优化跨企业间交易结算支付模式,加速资金运营周转,实现整个供应链的资金流优化(Pfohl and Gomm,2009)。在现有的三类供应链金融模式中,以传统商业银行主导的供应链金融平台往往受限于历史信息积累不足、实时信息难以获得、质押物流难于管控等难题;大型零售企业、电子商务企业主导的供应链金融平台则往往局限于自身企业,难以取得规模经济;而作为第三方的物流服务供应商(如UPS)、信息服务提供商(如怡亚通)则在物流管控、信息收集方面有着独特的优势,保障贸易真实性的同时有效降低信贷风险,服务行业发展,成为零售供应链外部融资的有效平台。由于供应链金融需要与企业内部的信息流、物流、资金流进行整合,零售企业的商业模式和盈利模式均应作出相应的变革。而目前如何将供应链金融与企业现有商业模式有效整合仍缺乏相应的理论研究,相关的企业实践也处于不断探索中。

企业生态是有效实现信息流、物流、资金流三流合一的价值网络,零售企业可以通过打造自身生态系统获取竞争优势(梁运文和谭力文,2005)。本章从借助供应链金融平台实现零售供应链资金流优化的角度,结合见福便利店的企业实践,阐述了零售商业模式从虚拟零售企业模式(Virtual Retial Enterprise,VRE)(田歆等,2009)向零售企业生态系统(Retail Enterprise Ecosystem,REE)演变过程中,借助供应链金融平台如何实现企业生态系统内资金流与信息流、物流的有效整合,并基于企业案例分析了 REE 模式对零售企业盈利模式的影响。

5.2 零售企业商业模式演化

目前,基于盈利模式可以将零售企业商业模式分为两类:第一类是基于购销差价的"胖总部、瘦门店"模式,该模式的关键能力是信息系统和物流系统;第二类是基于服务增值收益的 VRE 模式,该模式的关键能力是基于信息系统和物流系统的服务能力。

5.2.1 "胖总部、瘦门店"模式

自零售连锁模式推出以来，门店的加盟费和购销差价一直是零售连锁企业的盈利模式。这一模式的核心法则是"复制"和"乘法"，零售企业的总利润等于门店数量与每个门店的平均利润之乘积，在单店利润难以获得大的提升的情况下，更多的是通过扩张门店数量来实现利润增长，需要大量复制模板门店。因此，零售连锁企业需要在起步阶段打造可以复制的商业模式和门店模式，并且保证这一模式能够适应不同地区的商业环境。于是在"胖总部、瘦门店"这一模式下（见图5.1），库存管理、品类管理、信息系统搭建等功能全部集中于零售企业总部，门店仅保留销售功能，门店在销售决策、商品采购决策方面不具有主动权，主要由总部负责规划。

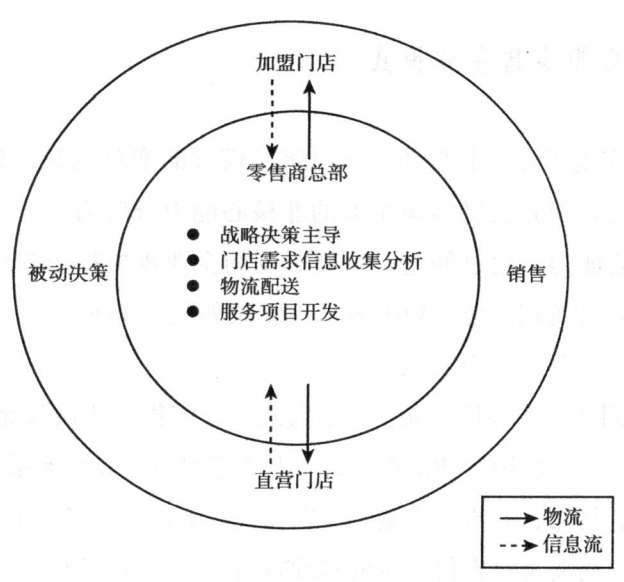

图5.1 "胖总部、瘦门店"模式

资料来源：作者绘制。

在这一模式下，门店的采购、配送均由总部负责，门店员工仅需要负责销售和服务，最大化地降低了对员工能力的要求。在加盟制还是直营制选择方

面，该模式由于强调总部的管控能力，因此普遍采取以直营制为主，以加盟制为辅的方式，其中711零售店是采取这一模式的典型代表。对于加盟门店，总部主要提供平台和品牌，商品的采购和配送与直营门店一样采取总部统一标准。在财务方面，总部财务部门主要负责处理与供应商和门店的交易结算，并不涉及其他财务融资活动。加盟门店的财务不需要对总部负责，因此总部在服务加盟门店方面并不如直营门店那般积极。

在"胖总部、瘦门店"模式下，零售企业的竞争力主要体现在运营技术、物流能力、品类管理能力等方面，主要集中于对信息流和物流的优化。但随着门店数量的增长，数量的增加引起企业管理质的变化，门店管理、员工管理、库存管理逐渐丧失规模优势，管理跟不上，企业的发展往往停滞不前，门店数量停滞在2000家左右级别。要想突破这一发展瓶颈，从库存优化、信息优化等角度难以取得成效，只有对商业模式的创新变革才能实现突破。

5.2.2 虚拟零售企业模式

VRE模式实现了对"胖总部、瘦门店"模式的变革创新，其主要是利用信息技术和现代管理方法将零售企业的非核心能力分解为一个个小的实体组织，仅保留核心能力，通过外包，突破了制约企业规模扩张的资源约束（特别是资金约束）和管理困境。VRE模式的框架如图5.2所示。

VRE模式主要如下三个功能：

（1）服务团队，即零售企业。在该模式下，零售企业仅仅保留服务能力，作为服务团队支持门店销售功能的实现。基于信息系统和物流系统搭建服务平台，将信息流、物流、商流有效整合。在该模式下，商品将以平价的方式配送给门店，门店仅需要每年支付一定的管理费用以及加盟费用即可，因此该模式非常适用于以加盟制为主、以直营制为辅的零售企业。以加盟制为主可以突破企业自身资金实力不足难以快速扩张的困境，可以广泛吸纳社会资本参与企业功能的实现。零售企业任务还包括品牌建设和推广、服务项目开发、协调利益分配、商业模式改进等。

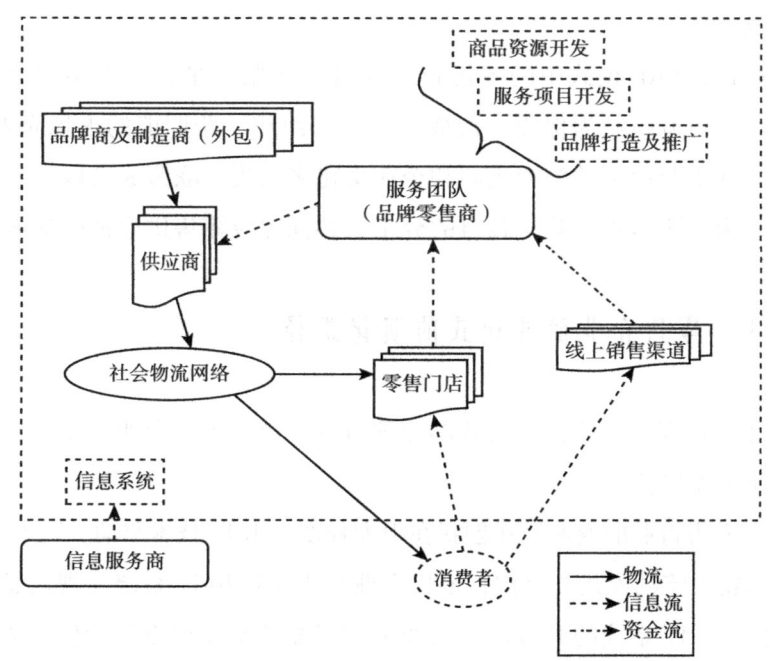

图 5.2　"胖总部、瘦门店"模式

资料来源：根据田歆等（2009）整理绘制。

（2）服务增值，是 VRE 模式的关键能力。服务增值包括品牌维护、商品资源开发、物流配送、商品销售支撑等方面。品牌维护主要是指提升企业的品牌知名度，有计划地合理优化门店在地区的配置，优化门店的社会感知度。商品资源开发主要是指优化商品品类、供应商挑选、自有品牌商品管理、服务项目开发等方面，提升销售量，降低销售成本。物流配送方面主要是指通过外包或者控股物流服务商，从商品采购到商品配送整个流程实现高效低成本，及时响应门店的配送需求。商品销售支撑是指零售企业通过搭建线上渠道，将线上销售渠道作为线下门店的补充，将线上销售订单指派距离最近的门店完成，避免了线上线下渠道之间的利益冲突。

（3）外部资源能力整合。VRE 模式中的外部利益相关者主要指信息服务商和物流服务商。由于零售企业仅保留了服务能力，而将信息系统、物流系统外包，因此能否有效地将这些外部利益相关者整合的商业模式是该模式成功的关键。零售企业通过有效的利益分配机制以及监督机制可以实现对外部利益相关者的有效整合。

综合而言，VRE模式中的零售企业通过搭建服务平台，以参与个体之间的利益分配和协调机制为保障，形成了一个跨组织、跨职能的虚拟企业联盟，联盟的向心性主要由利益配置机制和企业文化来实现。联盟成员以各自的优势资源和能力为联盟负责，基于各自的分工，共同完成零售供应链的功能。

5.2.3 零售企业商业模式的演化路径

从前述两种零售企业商业模式的梳理可以看出，零售企业商业模式的演化呈现出以下几个特点。

第一，零售行业的商业模式创新在很大程度上由IT技术驱动。随着IT技术对信息流和物流流动模式的重构，零售企业越来越依赖IT系统实现信息的收集和物流的配送。IT系统的升级需要与业务模式相匹配才能创造价值。线上渠道和线下渠道的结合离不开信息系统的支持，方便快捷的网上服务提升了客户体验。而且随着移动互联网、云计算和大数据等技术的快速发展，消费者的行为和需求可以由IT系统快速获取和满足，为精准营销提供依据。信息技术提高了零售供应链的效率，降低了企业的运营成本，是业务模式的两个核心思想。

第二，零售行业的价值创造过程呈现出共同创造导向。共同创造导向是指将所有企业、消费者、投资者甚至竞争对手等在企业商业系统中进行整合，共同完成价值创造。从企业生态圈的角度看，共同创造导向实现的基本方式是整合来自多元系统的信息和资源，突破组织边界和职能边界，有效地将不同参与者纳入价值创造过程。例如，玩具巨头乐高允许消费者通过网络在工厂组装自己的乐高套件，以实现消费者参与下的价值创造。

第三，基于平台的生态系统将成为零售企业未来的主要商业模式。平台商业模式提供了整合需求与供给的机制。零售企业过去依靠购销差价盈利的模式往往受制于资本金约束。但随着平台经济的出现，零售企业更有可能建立起以其为核心的交易平台，突破自有资源（如资金、人才、物流能力等）的限制。发展以轻资产模式为特征的多边交易平台将是零售企业未来整合外部资源和能力的有效途径，通过多方参与者的集体创造，依靠利益协调机制，实现整体利益最大化。

5.3 零售企业生态系统模型

零售企业商业模式经历了从购销差价到服务增值的转变，从销售中心向服务中心的变革（田歆等，2009），形成了以零售企业为中心的虚拟企业联盟，通过搭建大型服务平台建立虚拟企业联盟，将供应链、价值链、价值网络中的资源进行整合，零售企业专注发展服务能力，将仓储、物流配送外包给第三方物流企业，将信息系统外包给外部软件企业，商品销售、门店经营外包给最具主动性、责任感的加盟商；这种 VRE 模式的采用可以有效帮助企业跨越规模扩张的瓶颈，实现指数增长（田歆等，2015），但其对资金流的整合和管理缺乏深入研究。而在本章提出的 REE 模型中，零售企业打破了产业资本与金融资本的边界，借助第三方供应链金融平台链接金融机构和金融市场，为零售企业的应付账款和预付账款、上游供应商的应收账款提供融资服务。这些供应链金融平台充当了供应商和商业银行中介的角色，利用平台在数据衔接、收集、分析方面的优势，将交易数据转化为融资机构的授信依据，加速了融资机构的信贷审批，优化了贷后管理流程。零售企业在已有服务功能的基础上发展基于供应链的资本增值能力，缩短了账期，加速了资金周转率，有效降低了上下游关联企业融资成本。

5.3.1 REE 模型

REE 模型是基于信息技术、物联网技术以及信贷模式的创新，突破了传统供应链财务管理的局限，通过第三方供应链金融平台打通供应链内外部资金流的流动通道，在继承 VRE 模型服务功能的基础上，加入资本融通、增值的服务功能，借助物流和信息流，创新供应链中各成员之间的结算模式，重构各环节间的交易结构、利益规则，形成以物流、信息流、资金流等三流合一为基础的新型组织生态。零售企业作为这一组织生态的核心，通过搭建多方交易平台为供应商、加盟商和物流服务商提供信息增值、物流增值、资本增值等综合服务，通过对组织生态中交易结构、交易方式的创新和管理，实现产融结合，创新商业模式。

REE模型主要由多方交易平台、供应链金融云平台、第三方服务机构、供应链上下游企业等众多参与者构成（见图5.3），依靠交易结构形成生态网络，实现对商品、信息、资金等交易对象的综合集成、整体优化，形成利益共同体，实现跨边网络效应。在REE模型中，零售企业生态主要包括四层，分别为：多边交易平台、三流合一、业务支撑层、生态环境层。

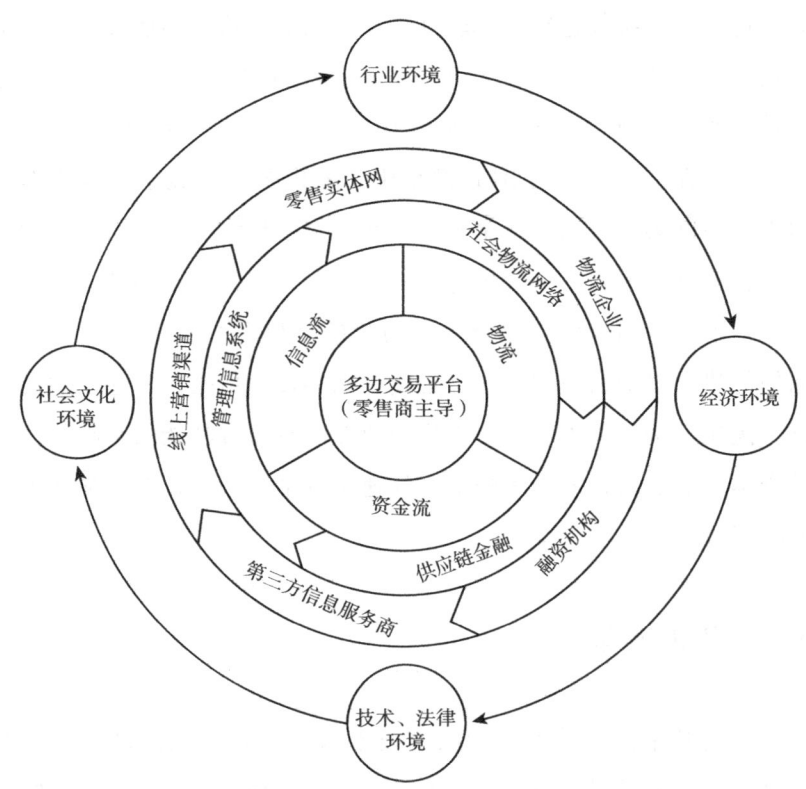

图5.3 零售企业生态系统（REE）

资料来源：作者绘制。

(1) 多边交易平台。在生态链中，各参与主体基于自身资源和能力，通过一定的交易结构进行职能分工和角色定位，实现资源互补和共享，形成一个资源整合平台。信息是整个生态系统的灵魂，物流网络是整个生态系统的骨骼，而资金流则是整个生态系统的血液。零售企业基于IT系统和物流系统，通过搭建多边交易平台成为REE模型的核心，以交易结构链接各个参与主体。多边交易平台的主要功能包括：①以信息系统为依托，零售企业需要借助信息服务商建立链接上游供应商、下游销售商的信息系统，集中进行商品采购管理、库存管理、配送管理、财务管理、营销管理等，其次要与供应链金融平台的信息系统进行对接，收集经营信息、交易信息、物流信息，形成融资评估的信息基础，有效管控贷后风险。②以物流为交易对象，商品是零售供应链上下游的主要交易对象，也是零售生态系统中的主要价值载体，商品通过多边交易平台进行交易和流通，实现从资金到商品再到资金的转变，实现各个环节的增值。③以资金流为增值途径，零售供应链上下游企业间的每笔商品交易以资金结算为终点，资金的支付结算由于账期的存在容易造成上游企业流动性紧张，外部融资难度和成本较大；第三方供应链金融云平台借助信息系统有效解决了信息不对称问题，降低了外部融资成本，加快了整个零售供应链的营运周转速度，提高整体效率。

(2) 三流合一由管理信息系统、社会物流网络、供应链金融平台共同完成。REE模式以物流为价值依托，以信息流为辅助，以资金流为加速器，实现以信息流管理物流，以物流为资金流担保，以信息流优化管理资金流，以资金流为物流提供融资。管理信息系统贯通零售供应链的上下游，社会物流网络的信息系统与零售供应链系统对接，基于物联网技术对在途货物、车辆、库存货物等的信息进行实时掌控，各个参与者可以准确掌握需求、供应信息，这些交易的支付结算在供应链金融平台支持下，得以快速完成，资金周转速度显著提高，实现了三流互驱。

(3) 业务支撑层。业务支撑层主要由零售实体网、网络营销渠道、第三方信息服务商、融资机构、社会物流企业等构成。零售实体网和网络营销渠道虚实结合汇聚消费者需求，第三方信息服务商帮助零售企业搭建信息系统平台。零售企业基于该平台实现需求管理、商品采购、库存管理、商品配送等活动,其中商品从供应商到仓库再到消费者的流转既可以依靠零售企业自建的物流系统或者其控股物流企业,也可以通过第三方物流服务商完成仓储和配送。在商品发货后,上游的供应商可以通过供应链金融平台申请应收账款融资服务,金融平台依据从零售企业的信息系统收集的交易信息、历史交易记录,对供应商的授信资质、授信额度进行分析,评估结果供融资机构进行信贷决策。

(4) 生态环境层。生态系统的正常运转离不开外部环境的影响,企业所处的行业环境、经济环境、技术环境、法律环境、社会文化环境等都会对零售企业生态系统产生影响。行业环境决定着零售企业所面临的竞争环境、发展趋势、供应链的稳健性、议价能力等,关乎零售企业的盈利能力和潜力。经济周期影响着行业和企业发展的大环境,当经济处于衰退期时,消费者需求减少,融资环境恶化,生态系统中整个产供销均受到影响。变革性技术的出现对于零售企业的商业模式具有颠覆作用,例如,物联网、大数据技术的应用重塑了传统的物流管理、信贷管理方式。法律环境影响着企业的投融资活动,规范着企业生态链中各个组织间的交易结构和利益分配机制。社会结构、文化、习俗等隐性因素影响着商业组织形式、企业管理方式以及利益分配机制,其中由于社会文化环境具有地域性,导致零售企业在跨区域发展时不仅面临当地竞争者的竞争还需要适应当地的社会文化环境,这也是众多企业在跨区域发展时失败的原因。

综上所述,零售企业作为多边交易平台的主导组织,在对物流、信息流、资金流等三流合一管理方面发挥着关键作用,零售企业从传统的零售职能转变为交易平台、服务增值的功能。首先,供应链金融的引入作为内部资金流的管理和供应链财务管理的补充,外部资金流的引入极大地提升了零售企业生态系统的价值和效益,库存周转率、营运资金周转率显著加快,供应链的灵活性也显著增强;其次,有效的供应链金融引入方案需要在信息系统、物流系统、利益分配机制等方面做出统筹安排,以信息系统为基石,以物流系统为保障,以利益分配机制为依托,对零售企业原有的商业架构进行调整;再次,外部资金提供者、零售企业、供应商、加盟商之间的资金流动在各参与者风险偏好中性的假设下，可以通过合理的利益分成和风险分担机制实现整体效益的提升，零售企业作为核心企业对于风险分担的收益受限于其对供应链的控制程度（如库存、账期），供应链上下游企业与零售企业的关联度关系到外部资金提供者的授信水平，直接影响了短期外部资金融资成本，但对于长期外部融资成本的影响并不显著。

5.3.2 REE 的供应链金融管理方案

REE 模型突出了原有零售商业模式中较少关注的资金流问题，通过供应链金融平台为零售企业、供应商、零售实体等提供应收账款融资、应付账款融资、预付账款融资、库存融资、资本增值等服务，见图 5.4。

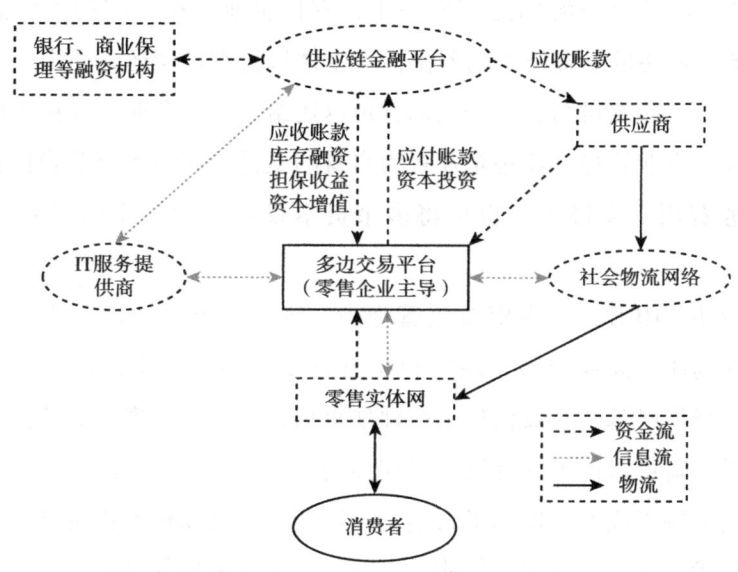

图 5.4　REE 的供应链金融结构

资料来源：作者绘制。

零售企业在完成从供应商处的采购后，通过物流子企业或者第三方物流企业完成对下游零售实体网的商品配送和补充。供应商可以基于在途物流和库存物流向供应链金融平台申请融资服务，在商品从供应商处出库时，商业银行等融资机构即可委托供应链金融平台运营方与物流企业合作基于物联网技术、标准化的资产评估技术对发货商品进行价值评估，并依据评估结果进行信贷决策，供应商实现了快速回款，而商品在途损失、价格波动损失等风险均可通过信贷发放比例实现控制，待零售企业将供应商的应收账款支付给融资机构后，融资机构再将剩余比例返还给供应商。

下游零售实体在加盟零售企业时，也可以拿店铺的所有权、未来收益向供应链金融平台申请加盟费融资、预付账款融资，这一方案实施的前提是加盟店的所有权可以较容易地进行交易变现，而且加盟商的未来收益需要先在零售企业的财务系统中抵扣融资额度之后才能将剩余收益结算给加盟商。这就将对加盟商的融资风险封装在了零售企业的财务系统中，从而有效降低了融资机构的信贷风险。

在零售供应链上下游的融资服务中，零售企业掌握并控制着信息流、物流、资金流，最终的融资偿还均不由借贷主体进行直接偿还，而由零售企业控制的销售收益进行支付结算，剩余部分再返还给上下游企业。零售供应链的融资风险被零售企业管控，零售企业将为自身的支付结算服务以及隐性担保收取一定的服务费用。零售企业也可将多余资本投入供应链金融平台进行放贷增值。

综上所述，REE 模型在资金流管理中实现了多方共赢，形成以利益为基础的命运共同体。商业银行等融资机构开辟了新的利润来源，拓展了表外业务，融资信贷得以基于有效信息进行评估审核，再加上零售企业的担保，供应链金融信贷风险得以极大地降低。供应商的收益不仅在短期内缩短了资金回笼时间，节约了融资成本，增强了营运资本流动性，可以扩大再生产；而且从长期看，可以优化供应商的资产结构，形成了与融资机构的良好关系，提高了信用水平。零售企业既可以通过帮助供应商提前回款，巩固了对其在供应链中的核心地位，又可以利用账期实现资金沉淀，增加流动资金，减少外部融资需求和成本。加盟商可以充分利用这一平台的融资扩大销售规模以及拓展门店数量，实现指数型增长。

5.4 案例研究

5.4.1 研究设计与案例选择

案例研究作为一种经验研究方法适用于构建和验证理论，是研究解释"怎么样"和"为什么"这两类问题的首选方法（Eisenhardt，1989）。对于理论的探索阶段，案例研究可以有效地对难以得到实证研究验证的理论假设和框架进行验证和补充（Yin，2003）。因此，本章采用解释性单案例研究对提出的理论模型进一步描述、解释和剖析（Eisenhardt，1989），该方法能够更为深入地揭示案例所对应的背景，充分的案例研究深度可以保证案例研究的可信性。此外，单案例研究对于管理实践展开深入研究有助于发现新问题、新现象，检视在所提理论假设和框架的基础上丰富和完善这些新理论（Eisenhardt，1989；Yin，2003）。在案例选取中需要遵循典型性与启发性（Yin，2012），选取的案例要能具备解释研究问题和所提理论的有效性，能够得出新颖、重要的理论成果，能够与现有的知识框架相匹配，具备较高的理论饱和度（Dunning，2007）。

"见福"是福建省厦门市一家以厦门为中心跨区域发展的连锁零售企业，以特许加盟为主要发展模式，门店数量近千家。在初期复制和模仿"胖总部，瘦门店"模式和VRE两种商业模式的基础上，见福从2014年开始引入第三方供应链金融平台"海唐信融"，基于信息系统和物流系统的改造升级，探索打造集成信息流、物流、资金流的生态多边交易平台，这种商业模式创新在零售行业是一个极端案例，但代表着该行业的发展方向。在资料收集获取方面，本章采取了多样化的资料收集方法，如网络公开数据以及企业提供的内部二手数据、现场观察、与见福CEO和运营部负责人半结构化访谈、与见福合作伙伴"海唐信融"负责人深度访谈以及电子邮件途径的非正式交流等。其中，实地访谈由研究团队共同讨论确定，确保对于研究问题的准确把握。通过多种数据收集方法可以对形成三角验证所需的证据，保证了案例研究的信度和效度

(Healy and Perry，2000)。因此，"见福"是研究零售企业生态系统的合适范例，符合案例研究的选择标准和规范；"见福"作为典型的连锁型零售企业，该案例的研究结论对于零售行业的商业模式创新具有借鉴和启示。

5.4.2 "见福"REE模式分析

见福不同于其他连锁便利店品牌的地方在于，其致力于基于服务中心的功能，通过搭建生态多边交易平台，整合业务层上的供应商、加盟商、信息服务商（海鼎企业）、线上销售渠道（见福鑫电子商务）、物流服务商（物必达、鑫福）、第三方供应链金融平台（海唐信融）以及商业银行，对信息流、物流、资金流金融整合集成，对商业模式和经营理念进行了变革创新。该交易平台以厦门见福连锁管理有限企业为总部，作为平台服务运营商，其致力于为上游供应商、下游加盟商提供品牌管理、商品管理、数据管理、客户管理、营销企划、融资桥梁等服务。交易平台上游链接厦门海唐云技术有限企业搭建的第三方供应链金融云平台，该云平台由海鼎企业负责对接见福的信息管理系统，主要为供应商提供应收账款融资服务和为加盟商提供预付账款融资服务。见福正在探索中的商业模式可以看作是REE模式的雏形，见图5.5。

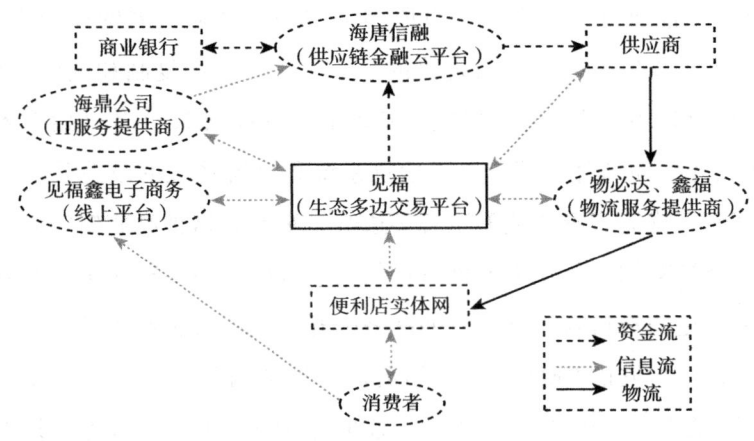

图5.5 见福商业生态系统

资料来源：作者绘制。

该交易平台主要发挥3个功能：①发挥服务功能，承担便利店实体网的信息系统搭建、品牌管理、商品采购、库存管理、运输管理、数据管理、客户管理、增值服务开发等，利用零售终端积累的消费者行为大数据，为加盟店、供应商提供增值服务，促成上游供应商与加盟店间的商品和资金往来；②信用倍增器，供应商可以向海唐信融云平台申请应收账款融资服务，下游加盟商也可以向该云平台申请预付账款融资服务，由于这些账款都是与见福直接发生的交易，见福为这些融资提供信用担保，在账期结束时将资金直接支付给商业银行，并根据自身承担的风险而获得一定收益，经过核心企业见福的信用担保，上下游企业的融资贷款可以快速、及时、低成本地得到满足；③整合协调，见福作为生态平台的核心，与各生态成员发生着直接或间接的联系，各个参与主体间发生着信息流动、物质流动以及资金流动，三种流动中既有各自的通道、对接标准，又有相互交叉协同。其中信息系统的搭建由见福外包给海鼎企业，而加盟店铺只需支付使用费和服务费，作为服务中心，见福通过外包信息系统打造贯通供应链上下游的信息通道，向供应商发出合理的采购需求、商品运输方案、折扣机制、退货机制等，从供应商处到见福的存储、配送仓库由其控股的物流子企业完成，发挥物流企业的规模效应，借助信息系统对下游零售店铺的补货实施优化，消费者的网上需求也会发送到就近门店进行满足，避免线上渠道与线下渠道争利问题。

从商业模式盈利模式来看，零售企业不再仅仅依靠品牌、信息服务、商品服务等盈利，更拓展了新的资本增值渠道。见福REE模式的盈利来源主要为以下3类：①加盟商与供应商的交易服务费，见福REE模式继承了VRE模式中大部分功能，提供诸如品牌管理、信息系统管理、运营管理、商品采购和配送管理、促销计划、服务项目开发等服务，促成上游供应商与加盟店间的商品和资金往来，加盟商需要缴纳加盟费和服务费，供应商需要为其商品促销计划支付服务费，对每笔交易收取服务费用而非攫取商品差价；②信用担保服务费，供应商的应收账款融资、加盟商的预付账款融资等都是与见福发生的交易并最终由见福偿还给相应的融资机构，见福需要为这些交易的真实性以及偿还负责，所以见福会对这些融资收取一定比例的担保服务费；③沉淀资金增值，由于见福通过账期可以获得大量的短期可用资金，这些资金可以在资本市场进行投资增值，或者用于规模扩张。

见福 REE 模式比较于完整的 REE 模型还有着极大的发展空间，如见福将多余运营资本投放在供应链金融平台实现增值，供应链金融平台以加盟店的经营权和销售以及见福的信用为担保为下游加盟商提供加盟费融资服务，见福还可以成立专门的金融部门或金融子企业专门发展产融结合模式；此外，对于跨区域物流配送还可以充分利用社会物流网络进行外包，加强品牌管理，发挥多边交易平台的资源集聚、整合作用，充分利用外部资源和能力，向关联性产业进行资本扩张，建设轻资产化零售集团。

5.4.3 案例讨论与管理启示

上述"见福"企业生态系统中，多边交易平台的成功与否受限于内外部资源、能力能否有效整合，而这种整合机制除了受前述技术对接机制、利益协调机制影响外，还受到外部行业环境、经济环境、技术环境、社会文化环境等的影响。

激烈的行业竞争迫使零售企业在商业模式上谋求突破。在厦门地区，除见福外，还存在美宜佳、天虹、夏商、倍顺、益友等品牌，市场竞争日趋激烈。"美宜佳"的 VRE 模式成为众多便利店竞相模仿的对象，见福要想取得竞争就必须在商业模式、盈利模式上有所创新。零售行业的商品涉及种类多、库存量大、单位利润较少，只有快速的周转才能提高资金利用率以及盈利能力。通过运用供应链金融平台改造商业模式，见福的供应链在外部资金支持下实现了高周转率，从而在单店日均营业额方面取得了较快增长，显现出超越竞争对手的趋势，但与"7-11"等国外便利店品牌相比还有较大的增长空间。

经济环境和技术环境对于见福商业模式的设计也起着重要作用。厦门地区的经济结构以第三产业为主，居民收入持续增长，便利店企业具有较大的市场空间和盈利空间，规模扩张步伐加快。而随着电子商务等互联网经济的发展，线上渠道也成为见福重点建设的销售渠道之一。随着物联网、大数据分析、云技术的发展，核心企业的商业模式更多地向平台型交易服务商转变，如阿里、京东等电商企业。特别是在金融服务方面，这些平台充当了供应商和商业银行中介的角色，利用平台在数据衔接、收集、分析方面的优势，将交易数据转化为商业银行的授信依据，加速了商业银行的信贷审批，优化了贷后管理流程。见福的信息系统主要由海鼎企业负责搭建：一方面见福并不完全具有相应的技术；另一方面见福自身搭建的供应链金融平台只能局限于品牌本身，难以取得规模经济。因此，见福选择与海鼎企业搭建的供应链金融平台合作是一种更优的选择。

连锁零售企业要想取得规模优势必然需要跨区域发展，而社会文化环境具有较强的地域性，这就要求企业的商业模式要与地域性的社会结构、人口结构、风俗习惯、价值观念、生活方式和文化传统等相匹配。例如，"美宜佳"的大本营广东省具有浓厚的老板文化，在商业模式设计表现为以加盟店为主；"全家"的大本营上海市则以海派文化为主，在商业模式设计上则表现为以直营店为主。"见福"所在福建厦门地区也具有较强的老板文化，以及较宽松的政策环境，因此见福也以特许加盟为主，同时保持一定数量的直营店。

综合零售企业的商业模式与外部环境可以看出，零售企业的未来价值增值空间在于对信息流、物流、资金流的综合管理，通过供应链金融平台为零售供应链的各种交易提供融资支持，加快整个供应链的周转速度；在设计商业模式时需要考虑到未来发展所面临的行业环境、经济环境、技术环境、社会文化环境等；通过建立以信息流为核心，以物流为交易基础，以资金流增值为目标的新型商业生态模式，才能在规模和效益上取得竞争优势。

5.5 本章小结

零售企业通过引入供应链金融，在原有信息流、物流优化管理的基础上，实现了对企业生态系统中资金流的整合优化。首先，作为内部资金流的管理的补充，外部资金流的引入极大地提升了企业生态系统的价值和效益，库存周转率、营运资金周转率显著加快，供应链的灵活性也显著增强。其次，有效的供应链金融引入方案需要在信息系统、物流系统、利益分配机制等方面做出统筹安排，以信息系统为基石，以物流系统为保障，以利益分配机制为依托，对零售企业原有的商业架构进行调整。最后，外部资金提供者、零售企业、供应商、加盟商之间的资金流动在各参与者风险偏好中性的假设下，可以通过合理的利益分成和风险分担机制实现整体效益的提升；零售企业作为核心企业对于风险分担的收益受限于其对供应链的控制程度，供应链上下游企业与零售企业的关联度关系到外部资金提供者的授信水平，直接影响了短期外部资金融资成本。本章以福建见福为例，通过分析其引入第三方供应链金融平台的实践经验，论述了零售企业如何利用供应链金融平台引入外部资金流，填补账期时间差产生的运营资金短缺，提升运营活动的绩效；从零售企业角度，深入探讨了资金提供方、第三方平台、零售商、供应商之间的利益协调机制和风险管理机制，以及资金流管理理念对于零售企业商业模式转变的推动作用。供应链金融的引入不仅优化了零售企业生态系统中的资源配置效率和整体收益，同时内、外部资金流的整合也带来了价值网络的重构，新的信息流、物流、资金流整合模式对于零售企业商业模式的演进具有极大的推动作用，加快了企业的规模扩张，提高了企业的经营绩效。

未来在互联网支持下，零售业与金融业的结合将更加紧密，以社会资本为推力的跨区域并购、跨区域多元化经营将成为零售企业步入发展快车道的有力工具。零售商业模式的快速更迭成为零售企业的稀缺能力。未来新的零售企业发展模式必将是在融合传统连锁便利店"胖总部、瘦门店"、虚拟零售企业模式两者优势的基础上，加强与金融资本的联系，利用金融技术、方法、工具实现对零售产业链的资金流整合优化，实现产业资源和金融资源的互补互动，创造更多的指数型增长奇迹，提升整个零售企业生态链的效率和实力。一个新的理论和模式必有其不足之处，本章所提出的 REE 模型对于零售企业与供应商、加盟商之间的契约协调机制、利益分配机制，零售企业营运资本在生态系统中的增值方式等还有待更为深入的研究。

纵观零售企业商业模式的演变，从信息流和物流的极致优化到资金流优化，融资约束已成为制约零售供应链上下游中小型企业运营效率的瓶颈。零售企业作为零售供应链的核心企业通过搭建供应链金融平台，引入商业银行等外部金融机构的信贷融资，既可以有效解决中小型企业的融资约束问题，又可以基于该平台实现产业资本与金融资本的进一步融合，提高商业生态系统的融资效率。

结合第3章的模型构建以及案例分析可以看出，在商业生态系统中加载供应链金融平台可以有效提升核心企业的竞争力，特别是在融资能力方面；与此同时，中小型企业借助第三方供应链金融平台降低获取融资贷款的难度。但供应链金融发展战略能在多大程度上提升核心企业的融资效率，以及多大程度上改善商业生态链上下游中小型企业的融资约束问题还有待开展进一步的实证研究。

第 6 章

基于 DEA 的供应链金融企业融资效率研究

6.1 引 言

自供应链金融概念提出以来,作为一种新的产融结合模式,非金融企业纷纷基于自身的资源和优势搭建线上供应链金融平台,以平台优化供应链上下游的资金流动,缓解上下游关联企业的融资约束。根据互联网金融数据服务商"同花顺"的梳理,截至 2016 年底,沪深两市供应链金融概念股已达 33 家。且这些供应链金融概念股企业基本上是基于实体主业开展供应链金融业务,其开展的供应链金融业务首先惠用于自身企业集团的实体产业发展,满足关联企业在交易结算方面的融资性需求,降低融资约束对于企业生态链上下游的影响,提升企业集团整体的投入产出效率。近年来,供应链金融概念的热度正说明了企业界对这一产融结合模式功效的期待。由于这些供应链金融概念股企业基本上是所属产业链的核心企业或焦点企业,其融资效率的高低在很大程度上反映着与之关联的中小型企业在融资方面的境况。因此,对这些供应链金融概念股企业的融资效率的研究是可以在一定程度上反映其商业生态中的融资效率。

首先,本章将利用 DEA 模型 Malmquist 指数分析方法对沪深两市的供应链金融概念股的融资效率进行评估,并基于这些企业的商业模式和财务数据对评估结果进行了讨论;其次,鉴于供应链金融在最近几年的快速发展,运用配对

T 检验对最近几年中小型企业的融资效率进行了对比分析,从侧面就供应链金融发展对企业融资约束的影响进行了初探;最后,结合分析结果对供应链金融概念企业及中小型企业如何提升融资效率给出管理建议。

6.2 文献综述

效率指的是产出与投入之间的比例,在企业中表示资源的配置效率(方芳和曾辉,2005)。融资效率则是指融资利用的产出与融资成本之间的比例,度量的是企业单位融资成本的企业产出,是衡量企业资金利用效率的一种表达方式。融资成本是指企业获取内部以及外部融资的资金成本,是资金出借者向资金需求者所收取的资金使用权回报,决定了企业的融资选择,以及企业所能拥有的现金规模,进而影响着企业的投资决策。其中内部融资主要是股权融资,是投资者以一定资金购买的企业所有权,股权融资资金不需要进行返还,作为企业的长期运营资本存在(刘芍佳等,2003),变动频率较低。外部融资主要包括债券融资、抵押融资、信用贷款、动产质押融资等,是影响企业运营资本的重要因素,也是企业融资约束的主要来源,因此外部融资方式的选择、难易程度以及成本的高低在很大程度上决定着企业整体融资效率乃至企业绩效的高低(谈儒勇,2001;谢朝斌和董晨,2002;李连发和辛晓岱,2009)。对于企业融资效率的评价在兼顾内部融资的基础上,应重点放在对外部融资方面。此外,不同的企业由于规模、信用、属性等因素的不同,融资获取方式、难度和成本都有所差异,而且由于企业所属行业、商业模式、业务范围等的不同,对融资的利用效率也会有所不同。

目前衡量融资效率的方法主要有多种,如模糊分析法(魏开文,2001;胡竹枝和李明月,2005)、层次分析法(王平,2006)、熵值法(范倩倩等,2012)、数据包络分析(DEA)模型(刘力昌等,2004;曾江洪和陈迪宇,2008;李素梅等,2016)等,其中应用最多的是 DEA 模型。刘力昌等(2004)运用 DEA 模型对 47 家上市企业的股权融资效率进行了分析;赵守国等

(2011) 运用 DEA 模型分析了陕西省上市企业的融资效率，从规模效率和技术效率两个角度进行了分析。邵永同和陈淑珍 (2013) 运用 DEA 模型分析了上市医药企业的融资效率；王小宁等 (2016) 也基于 DEA 模型对中小型企业的融资效率进行了分析，得到中小型企业融资的纯技术效率较高。DEA 模型作为一种非参数分析法，不需要提前设定具体的生产函数，也无须估计具体的参数值，具有适用范围广泛和使用条件宽松的特点，因此得到了学者们的广泛应用。

数据包络分析（Data Envelopment Analysis，DEA）是一种线性规划方法，由 Charnes 等 (1978) 提出，用于评估在规模报酬不变的假设条件下，多投入多产出的决策单元 （Decision Making Unit，DMU）的技术效率，是一种相对效率。多投入多产出的评价方法极大地扩展了效率评价的应用范围。该方法首先在基于线性规划方法确定有效的最佳凸性生产前沿曲面，该前沿曲面代表最优的效率值，然后通过计算每个决策单元的生产曲面，以决策单元生产曲面与最佳凸性生产前沿曲面之间的距离来评价每个决策单元相对于最优效率值的有效性，并以比值 1 为分界线，大于 1 则认为相对有效，小于 1 则表示相对无效。Malmquist 指数由 Malmquist 于 1953 年提出，由 Caves 等 (1982) 首次用于生产效率的测算，并由 Lovell (1993) 将该方法与数据包络分析相结合，用于测算由生产前沿距离差异确定的相对效率值。该方法继承了 DEA 非参数估计的优势，被广大学者应用于投入产出效率的分析。因此，本章也选取 DEA – Malmquist 指数法研究企业的融资效率问题。

6.3 研究设计

6.3.1 模型构建

Malmquist 方法作为 DEA 分析方法的一种，将每个企业看作是一个决策单元，通过每个决策单元的融资效率与生产前沿面最优的效率值进行比较，进而确定全要素生产率。在规模报酬不变（CRS）的假设前提下，Malmquist 指数法将全要素生产率分解为技术效率变动、技术进步两个部分。技术效率变化是指一定时期内技术效率变化带来的全要素生产率变化。由于生产前沿面代表了在现有技术下的最高效率，而技术进步是指一定时期内生产前沿面变动带来的全要素生产率变化，所以生产前沿面的变化应归因于技术进步。根据每部分的变动，可以确定企业融资效率变化的原因。

根据 Färe 等（1992），从 t 到 t+1 期的 Malmquist 生产率指数被定义为：

$$M_o^G(x_o^t, y_o^t, x_o^{t+1}, y_o^{t+1}) = \left[\frac{D_o^t(x_o^{t+1}, y_o^{t+1})}{D_o^t(x_o^t, y_o^t)} \frac{D_o^{t+1}(x_o^{t+1}, y_o^{t+1})}{D_o^{t+1}(x_o^t, y_o^t)}\right]^{\frac{1}{2}} \quad (6.1)$$

距离函数由 Caves 等（1982）给出，

$$D_o^t(x_o^t, y_o^t) = \min\theta$$

$$\text{s.t.} \sum_{j=1}^n \beta_j x_{ij}^t \leq \theta x_{io}^t, i = 1, 2, \cdots, m,$$

$$\sum_{j=1}^n \beta_j y_{rj}^t \leq y_{ro}^t, r = 1, 2, \cdots, s, \quad (6.2)$$

$$\beta_j \geq 0, j = 1, 2, \cdots, n$$

其中，x_{io}^t 代表在时期 t 决策单元 DMU_o 的第 i 个投入，y_{ro}^t 代表在时期 t 决策单元 DMU_o 的第 r 个产出。距离函数 $D_o^t(x_o^t, y_o^t)$ 决定的是在给定产出水平下，被观测投入能够按比例能获取的减少量。

根据两连续阶段产出导向的 Malmquist 生产率指数的几何平均分解法，可以分解为从时期 s 到时期 t 的技术效率变动 ΔTE_o 与技术进步 ΔT_o^G，

$$M_o^G(x_o^t, y_o^t, x_o^{t+1}, y_o^{t+1}) = \Delta TE_o(x_o^t, y_o^t, x_o^{t+1}, y_o^{t+1}) \times \Delta T_o^G(x_o^t, y_o^t, x_o^{t+1}, y_o^{t+1})$$

$$= \frac{D_o^{t+1}(x_o^{t+1}, y_o^{t+1})}{D_o^t(x_o^t, y_o^t)} \left[\frac{D_o^t(x_o^{t+1}, y_o^{t+1})}{D_o^{t+1}(x_o^{t+1}, y_o^{t+1})} \frac{D_o^t(x_o^t, y_o^t)}{D_o^{t+1}(x_o^t, y_o^t)}\right]^{\frac{1}{2}}$$

$$(6.3)$$

Malmquist 生产率指数分解可以利用图 6.1 来表示，两条斜线分别代表两个连续时期的生产前沿，线外的点就是决策单元。

Malmquist 生产率指数代表由 t 期到 t+1 期时技术效率的变动情况，若 Malmquist 生产率指数大于 1，表示由 t 期到 t+1 期产出效率有所增长；小于 1

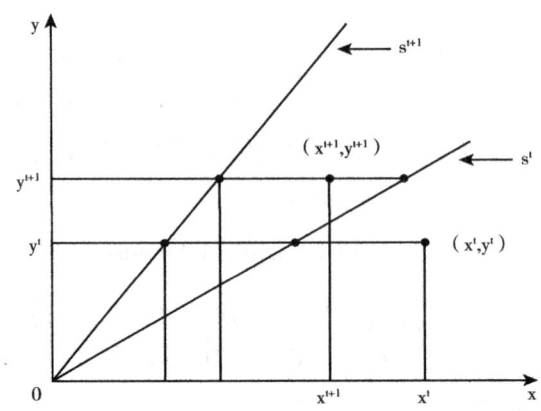

图 6.1　Malmquist 生产率指数

资料来源：作者依据 Färe 等（1992）整理绘制。

表示由 t 期到 t+1 期产出效率有所下降；等于 1 表示由 t 期到 t+1 期产出效率水平没有变化。资源配置效率的改善和技术水平的提高是整体产出效率提高的源泉。此外，Malmquist 生产率指数实际上就是一般所称的"全要素生产率"（Total Factor Productivity，TFP）。

由于供应链金融概念股中包含不同行业的企业，因此难以估计出统一的生产函数；由于数据的有限性，也难以用参数方法估计各类效率函数（如成本函数、标准利润函数和替代利润函数）。因此，本章将运用 DEA 模型中的 Malmquist 指数分解法来评价供应链金融概念股企业的融资效率。

6.3.2　指标选取

投入指标和产出指标选取的合理性是确保运用 DEA 模型评价企业融资效率科学性的关键，目前对于指标的选取还主要基于经验判断和逻辑分析，缺乏定量研究和统计验证。

在融资效率评价指标选取方面，不同的研究学者基于各自的研究问题有针对性地进行了选取。曾江洪和陈迪宇（2008）运用 DEA 方法对中小型企业债务融资效率进行了分析，分别选取员工总数、固定资产合计、经营时间、机构持股比例合计、利息费用、营业费用等为投入指标,以财务费用率、息税前利润、主营业务收入同比增长率为产出指标,研究发现处于发展阶段的中小型企业债务融资效率较低。高山(2010)在基于 DEA 方法研究科技型中小型企业的融资效率问题时,选取总资产收益率(ROA)、总资产周转率(TATR)作为产出指标,债务融资成本、股权融资成本、债务股权比作为投入指标;基于分析结果得出我国科技型中小型企业的融资效率是低效的。邵永同和陈淑珍(2013)在基于 DEA 方法对上市生物医药企业融资效率的实证研究中,选取企业总资产、主营业务总成本、资产负债率、速动比率为投入指标,以净资产收益率、净利润、主营业务收入同比增长率、总资产周转率、无形资产增长率作为产出指标,结果表明企业的融资效率成分化现象。赵萌(2014)基于 DEA - Malmquist 指数方法对财险企业的盈利能力进行了评价,选取所有者权益、职工人数、手续费及佣金支出、固定资产扣减累计为投入指标,以投资收益率、所有者权益回报率、总资产回报率、承保利润率为产出指标,研究发现国内财险企业大多为无序的规模扩张,对于保险技术的重视程度不足。熊婵等(2014)基于 DEA 方法分析了高科技型创业企业的运营效率,选取研发费用、研发人员数量、广告投入、人力资源成本、管理费用作为投入指标,以销售额、品牌资产作为产出指标,发现这些企业的总体运营效率较低,纯技术效率过低时造成总体效率低下的主因。徐枫和陈勇阳(2014)用于 DEA 方法研究了商业银行对于低碳产业发展支持效率,选取长期借款、债务偿还率为投入指标,以净利润为产出指标。李欣(2015)基于 DEA - Malmquist 指数方法研究了科技型中小型企业融资效率问题,选取企业资产总额、主营业务成本、资产负债率为投入指标,以净资产收益率、总资产周转率、主营业务增长率为产出指标,研究发现除医药行业外,电子行业、信息技术行业、光电技术行业、新材料环保行业的融资效率都比较低,原因是这些行业的企业偏向于借助多元化生产以及大规模生产来提高效率而非提升融资效率。朱南和谭德彬(2015)基于 DEA 方法分析了国内财务企业的资金使用效率,选取自有资本、利息支出和营业费用作为投入指标,以利息收入、投资收益作为产出指标,研究发现这些财务企业在资金使用方面还处于无效状态,且年度变化较大。黄毅

(2016）运用 DEA 方法研究了小微企业的融资效率，选取企业资产总值、资产负债率为投入指标，以净资产收益率、主营业务率为产出指标，发现国内中小型企业的融资效率还普遍较低，主要是由于企业还处于融资规模报酬递增阶段，距离成熟还需一定时间。王坚强和阳建军（2016）基于 DEA 模型对企业投资效率进行了评价，选取固定资产投资增加水平、长期投资增加水平、追加营运资本水平、折旧与摊销水平为投入指标，以总资产增长率、净资产收益率、企业价值托宾 Q 值为产出指标，研究发现国内房地产上市企业的投资效率不足。

从已有的 DEA 研究指标选取可以看出，指标选取要与研究问题高度相关才能真实反映研究对象的效率。根据企业融资投入产出的特点，本章从资产投入、融资成本、资产收益率、营运效率等角度选取投入产出指标。

对于投入指标，本章选取以下四个指标：企业资产总额（X1），该指标是指企业所能拥有或控制的全部资产的总计，包括固定资产、流动资产、无形资产以及其他长期投资等，是衡量企业运营投入的整体性指标；营业总成本（X2）是指企业销售商品或者提供劳务的总成本，包括主营业务成本、期间费用（营业、管理、财务费用）以及其他业务成本等，是企业运营投入的重要指标；资产负债率（X3）是指负债总额与资产总额的比例，反映的是企业利用外部融资的总体能力；利息支出（X4）是指企业的临时借款的资金成本，包括短期借款、长期借款、应付票据、票据贴现以及应付债券等的利息支出，该指标反映了企业的外部融资成本，在一定程度上体现着企业资金筹措的管理能力，是衡量融资效率的重要投入指标之一。

对于产出指标，本章主要选取以下三个指标：总资产周转率（Y1）是指营业收入净额与平均资产的比值，是评价企业融资负债使用效率的一项重要指标，衡量了企业的资产利用效率；总资产收益率（Y2）是反映企业盈利能力的重要指标，企业适当的运用财务杠杆可以提高资金的使用效率，增加盈利，但借入的资金过多会增大企业的财务风险，同时借入的资金过少会降低资金的使用效率，因此总资产收益率是衡量企业资金使用整体效率的重要财务指标；营业收入增长率（Y3）是指本年营业收入增长额与上年营业收入总额的比例，反映了企业的营业状况,在一定程度上反映了企业的资金运用效率。

供应链金融企业投入产出指标体系如表6.1所示。

表6.1　　　　　　　供应链金融企业投入产出指标体系

类别	编号	指标	指标计算
投入指标	X1	总资产	固定资产、流动资产、无形资产以及其他长期投资等的总和
	X2	营业总成本	主营业务成本+期间费用(营业、管理、财务费用)+其他业务成本
	X3	资产负债率	负债总额/资产总额
	X4	利息支出	短期借款、长期借款、应付票据、票据贴现以及应付债券等的利息支出
产出指标	Y1	总资产周转率	营业收入净额/((资产总额年初数+资产总额年末数)/2)
	Y2	总资产收益率	净利润/((资产总额年初数+资产总额年末数)/2)
	Y3	营业收入增长率	本年营业收入增长额/上年营业收入总额

数据来源:作者整理。

6.3.3　数据选取

本章数据全部来自Wind金融数据库和同花顺金融数据平台。由于DEA分析对于样本容量的要求包括:(1)样本容量>投入变量个数×产出变量个数;(2)样本容量>3×(投入变量个数+产出变量个数)。根据本章选取的投入产出指标数量计算,至少需要5年的数据才能满足Malmquist指数分析的数据量要求,本章将晚于2011年上市的企业剔除出样本,将银行类企业也剔除出样本,将指标数据不全的企业剔除。经过剔除之后,获得满足条件的24只供应链金融概念股,并将其作为研究决策单元。由于这24家企业均是产融结合型企业,对于供应链金融业务都多少有所涉及,因此所选样本具有一定的代表性。

在使用这些指标进行融资效率测算前,首先对投入、产出指标进行相关性分析,利用SPSS 20.0统计软件进行计算,得到所选指标的Pearson相关系数(见表6.2)。

表 6.2　　　　　　　　　投入产出指标相关性分析

	X1	X2	X3	X4
Y1	0.005	0.092	0.180*	0.052
Y2	0.028	0.174*	0.221**	0.167
Y3	0.686**	0.953**	0.937**	0.823**

a 注：***、** 和 * 分别表示在 0.01、0.05 和 0.1 的水平（双侧）上显著相关。
数据来源：作者计算。

从表 6.2 的分析结果可以看出，所有投入指标与产出指标之间均呈现出正向相关关系，并且大部分指标符合显著性要求，因此可以将上述指标运用于 DEA 效率评价分析中。

6.4　实证结果分析

利用 DEAP 2.1 软件，选取 Malmquist – DEA 方法，在可变规模报酬（VRE）的条件下，基于 24 只供应链金融概念股 2011～2015 年的数据测算结果，如表 6.3 所示。

表 6.3　　　　　2011～2015 年供应链金融概念股 TFP 测算结果

上市企业简称	全要素生产率变化（TFP）				
	2012/2011 年	2013/2012 年	2014/2013 年	2015/2014 年	平均
盛屯矿业	0.595	0.351	0.659	0.730	0.584
南山铝业	0.536	1.074	1.191	1.360	1.040
林州重机	1.134	0.575	1.017	1.282	1.002
新亚制程	1.065	1.078	1.022	1.110	1.069
天马精化	1.113	0.714	1.611	1.552	1.248
瑞丰高材	0.834	0.924	1.029	1.048	0.959
宁波东力	1.202	1.116	0.960	1.533	1.203
皖新传媒	0.833	1.163	1.216	1.433	1.161
瑞茂通	0.063	0.488	0.593	0.946	0.523

续表

上市企业简称	全要素生产率变化（TFP）				
	2012/2011 年	2013/2012 年	2014/2013 年	2015/2014 年	平均
摩恩电气	1.456	1.390	1.814	1.003	1.416
东华科技	0.823	0.806	0.852	1.016	0.874
法尔胜	1.163	0.976	1.232	1.209	1.145
海联讯	1.210	0.484	0.963	1.135	0.948
合兴包装	0.834	1.082	1.641	0.758	1.079
汉得信息	0.763	1.013	0.724	1.211	0.928
三元达	1.166	1.142	1.672	1.115	1.274
久其软件	0.723	1.211	1.139	0.756	0.957
苏宁云商	0.770	1.233	0.993	1.132	1.032
联络互动	0.896	1.072	1.599	1.045	1.153
上海钢联	0.865	0.763	1.343	1.296	1.067
浙江东方	1.573	1.091	1.088	1.062	1.204
中科新材	0.864	1.050	0.970	1.417	1.075
怡亚通	0.656	1.565	1.014	1.672	1.227
生意宝	0.950	1.395	1.379	1.631	1.339
平均	0.826	0.935	1.156	1.186	1.026

数据来源：作者计算。

从表 6.3 可以看出，就平均全要素生产率而言，2011~2012 年、2012~2013 年，MALMQUIST 指数小于 1，沪深两市的供应链金融概念股的全要素生产率总体均是下降的；而 2013~2014 年、2014~2015 年，由于 MALMQUIST 指数大于 1，沪深两市的供应链金融概念股的全要素生产率总体年均增长率分别为 15.6% 和 18.6%。这一结果与"供应链金融"这一概念在百度的搜索指数变化趋势相同（见图 6.2），2014 年以前，该概念的搜索指数变化缓慢并停留在较低水平，而从 2014 年开始，这一概念的搜索指数呈现快速增长趋势，说明供应链金融概念股企业的融资环境由于市场对供应链金融概念关注度的提高而有所改善。

表6.4　　2011~2015年供应链金融概念股总体DEA分析结果

年份	技术效率变化指数 ECH	技术进步指数 TECH	纯技术效率变化指数 PECH	规模效率变化指数 SECH	Malmquist全要素生产率指数 TFP
2011~2012	1.167	0.708	1.078	1.083	0.826
2012~2013	0.925	1.010	0.966	0.958	0.935
2013~2014	0.847	1.365	0.971	0.873	1.156
2014~2015	0.769	1.542	0.717	1.073	1.186
平均	0.927	1.156	0.934	0.993	1.026

数据来源：作者计算。

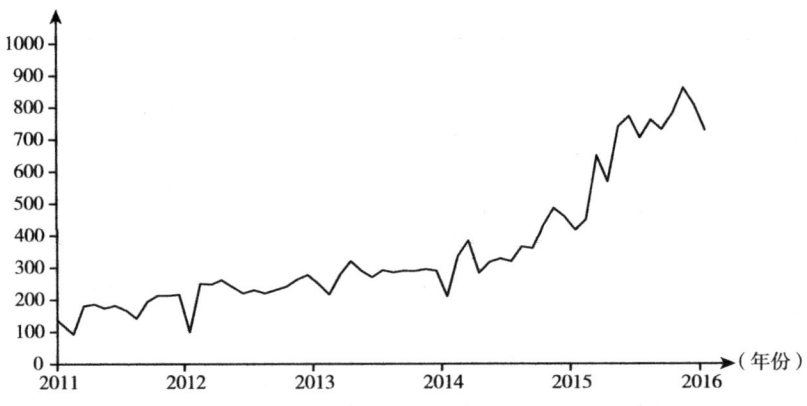

图6.2　供应链金融——2011年至2015年百度搜索指数

数据来源：百度指数网站。

从表6.4可以看出，2011~2015年，5年平均来看，Malmquist全要素生产率指数的平均变化率大于1，即这5年平均而言，全要素生产率年均增长率为2.6%，其中技术效率变化指数小于1，全要素生产率的增长主要来自技术进步。纵观最近几年来供应链金融平台的发展路径可以看出，这些供应链金融概念股企业绝大多数还处于搭建平台的阶段，处于起步成长期，规模报酬还处于递增阶段。而且这些企业的发展在很大程度上依赖于信息技术、互联网技术、大数据等新兴技术对现有的资源和能力进行整合，从而提升了企业整体的技术水平，这也印证了全要素生产率主要来自技术进步之一的结果。

6.5 扩展分析

从基于 DEA 方法的供应链金融分析可以看出，2013 年以来，供应链金融的快速发展，有利于提升供应链金融概念企业的融资效率，但供应链金融发展对于中小型企业的融资约束是否有影响。虽然从改革开放以来，金融市场化程度不断加深，但现有的融资市场仍是以商业银行为主导的间接融资为主，信贷市场的主要份额被商业银行所占据。商业银行在服务信贷融资对象方面仍偏向大型企业，特别是供应链中的核心企业，对供应链上下游的中小型企业服务还比较欠缺，是导致中小型企业普遍出现融资约束问题的原因之一。依据前面的 DEA 分析结果以及百度搜索指数趋势，从运营效率和融资效率两个角度对比分析供应链金融概念企业和中小上市企业之间的表现差异（见图 6.3 和图 6.4，SCF 代表供应链金融概念企业，SMEs 代表中小上市企业）。由于同花顺平台的供应链金融概念股数量较少，本节从 Wind 数据库中搜索年度财务报告中存在供应链金融发展战略的企业共 54 家，其中包含了同花顺平台供应链金融概念板块下的大部分企业。为了避免部分企业数值过大影响整体真实水平的

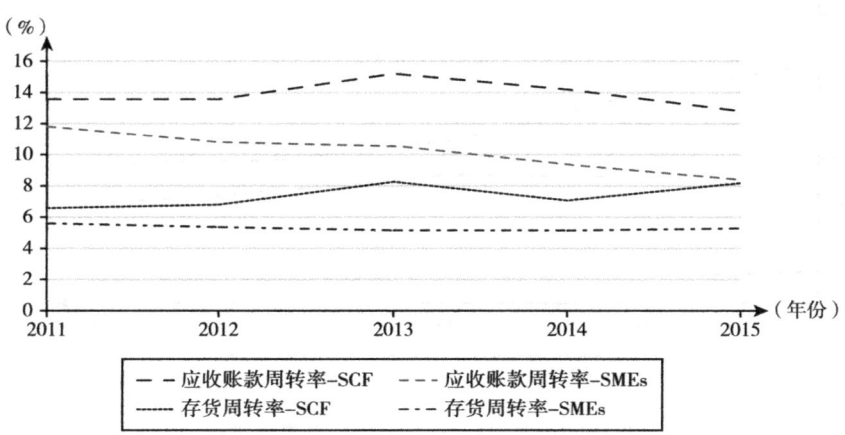

图 6.3 供应链金融概念企业与中小上市企业运营数据对比

数据来源：Wind 数据库。

评价，本节对中小型企业数据以及供应链金融概念股的数据均剔除数值大小在前10%和后10%的指标数据，从而获得较为客观的整体评价数据。

从图6.3可以看出，整体平均而言，供应链金融概念企业在应收账款周转率和存货周转率方面优于中小型企业整体平均水平。这在一定程度上说明了供应链金融发展战略在企业应收账款融资、库存融资方面给予的支持有助于加速应收账款和库存的周转速度，进而提升企业的运营效率。另外，从图6.3中还可以看出，我国中小型企业的应收账款周转率近年来呈下降趋势，说明中小型企业的应收账款账期在延长，企业现金流面临更大压力；而对比来看，虽然供应链金融概念企业的应收账款周转率有所波动，但仍维持在较高水平，应收账款账期较短，且库存周转率仍保持一定的上升趋势。因此可以得出，非金融企业的供应链金融发展战略有助于改善企业的运营能力。

从图6.4可以看出，整体平均而言，供应链金融概念企业能够在净资产收益率（ROE）与中小型企业保持一致的情况下，在现金比率方面取得相对优势。由于现金的持有是具有一定成本的，因此企业应在提高净资产收益率的同时降低现金持有量。这在一定程度上说明了供应链金融发展战略有助于改善企业融资约束，企业不必再通过持有大量的现金来维持运营，通过供应链金融业

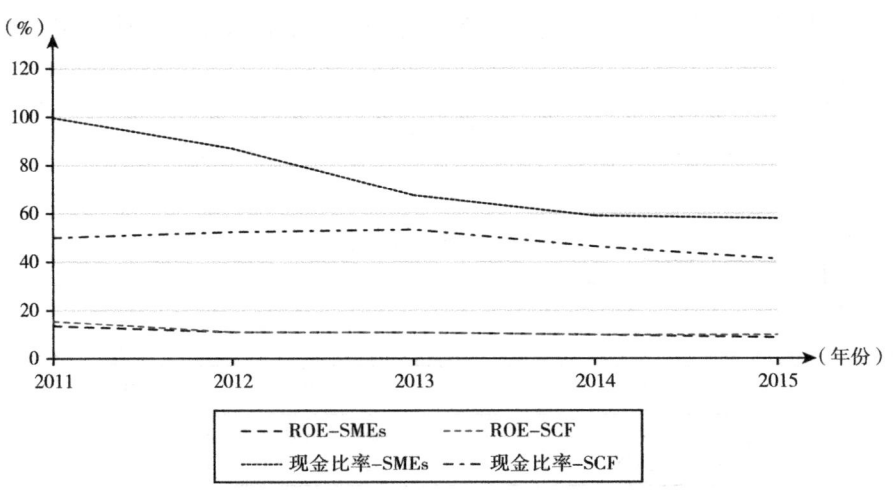

图6.4 供应链金融概念企业与中小上市企业绩效数据对比

数据来源：Wind数据库。

务将应收账款、库存快速变现，补充运营资金缺口，从而提升了应收账款、库存的流动性。另外，从图6.4中还可以看出，我国中小型企业的现金比率近年来呈现下降趋势，但与此同时净资产收益率也有一定的下降，就中小型企业的外部融资约束是否因供应链金融的发展而得到改善这一问题，难以从图6.4看出。因此，就供应链金融发展水平对于中小型企业融资约束的缓解作用将在下一章开展进一步研究。

6.6 本章小结

本章运用 DEA - Malmquist 指数分解法对 2011～2015 年沪深两市的 24 家供应链金融概念股企业的融资效率进行了分析。根据全要素生产率、技术效率、规模效率、技术进步等的历年变化率测算结果发现：

（1）供应链金融概念股企业从 2014～2015 年两年的全要素生产率保持在 15% 以上增长率，这与百度搜索指数——"供应链金融"这一关键词的搜索热度变化趋势相同，企业借助于供应链金融概念可以改善自身的社会融资水平，提升自身的融资效率。

（2）供应链金融概念企业的融资效率的增长主要来自技术进步，这与近年来企业普遍实施"互联网 +"战略相关，但在企业管理方面还有待提升。这也反映了现有供应链金融概念企业在如何将供应链金融业务与原有业务有机结合方面还有待提升。

（3）供应链金融概念企业在应收账款周转率、库存周转率方面的运营表现优于中小上市企业平均水平，且中小型企业的这两个指标近年来呈现下降趋势，企业非现金类流动资产的周转速度放缓，直接影响企业的运营能力，且布局供应链金融业务的企业在不影响产出效率的基础上降低现金持有量，均说明供应链金融战略有助于改善企业的融资约束，提升融资效率，是企业探索产融结合模式的一种路径。

通过供应链金融概念企业与中小型企业在应收账款周转率、存货周转率、现金比率和净资产收益率方面的比较，也可以看出供应链金融发展战略对于供应链金融概念企业融资效率的促进作用。但同时可以看出近年来，我国中小型企业的应收账款周转率及现金比率均呈现下降趋势，说明中小型企业的外部融资约束有所加重；但与此同时，供应链金融概念企业的这两个指标也有所下降，考虑到近年来宏观经济增长率的放缓，因此，无法判断供应链金融发展战略能否缓解中小型企业的融资约束问题，需要进一步的实证研究。

第 7 章

供应链金融发展对于中小型企业融资约束的影响研究

7.1 引　言

在供应链以及产业链中,核心企业往往占据价值链的核心位置,并因其规模大和竞争力强,在与产业链上下游中小型企业的谈判中处于强势地位。这些核心企业出于自身降低运营成本、提升利润率的考虑,往往采取延长账期和赊购期限,缩短交货期限,增大价格折扣等手段对上游企业形成了巨大的负担,同时采取延长交货期限、预付账款、缩短赊销期限等手段对下游企业造成了较大的资金压力,增加了供应链上下游中小型企业的融资约束(Fazzari et al., 1988; Almeida, 2004)。核心企业上下游的中小型企业受制于回款周期和流动资金流,很难在运营效率上进一步提升,进而影响核心企业的运营效率,因此解决产业链上下游企业特别是中小型企业的融资约束问题是提升产业效率的关键(丁一兵等,2014)。

营运资金对于企业绩效的影响作用已有大量研究(Kamath, 1989; Soenen, 1993; Deloof, 2003; 逢咏梅和宋艳,2009; 曹玉珊,2013),结论普遍为,营运资金对于企业绩效有正向影响,但企业现金流约束会影响企业经营绩效。而应收账款和存货作为流动性资产是组成营运资金的重要部分,基于两者的外部融资情况直接影响着企业的经营效率。特别是中小型企业由于处于供应链的弱势地位,容易积累大量的应收账款和存货,是限制其营运资金周期改善的关键。近年来随着产业升级、经济增长放缓、金融危机等的影响,如何突破中小型企业融资约束困境成为近年来虚拟经济如何助力实体经济这一大问题下的一个重要课题。供应链金融作为一种与产业资本高度契合的金融服务方式,在改善中小型企业融资环境、提升企业经营效率方面发挥着重要作用。融资约束是制约企业、供应链乃至生态链运转的关键因素,供应链金融的发展是否有助于以及在多大程度上可以缓解生态系统的弱势参与者的融资约束问题还有待研究。

因此,本章从现金—现金流敏感性的角度,研究供应链金融发展对于中小型企业融资约束的影响。由于在商业生态系统中,资金流的瓶颈往往发生在弱势参与者中小型企业身上,因此选取中小板企业为研究样本可以在较大程度上反映供应链金融发展对产业生态中融资约束的影响。考虑到目前缺乏度量供应链金融发展水平的相关指标,本章首先基于已有的研究,构建一个供应链金融发展水平的综合评价指标。然后基于现金—现金流敏感性模型,通过引入商业信用这一与供应链金融作用类似的指标,分析了供应链金融发展水平对中小型企业融资约束的影响。

7.2 文献回顾

供应链上下游的中小型企业普遍存在内源性融资不足的问题,由于信息不对称、委托—代理问题及交易成本,这些企业的外部融资普遍面临明显的融资约束(Fazzari,1988;Kaplan and Zingales,2000;Clementi,2002;张纯和吕伟,2007;王彦超,2009;沈红波等,2010;连玉君等,2010)。在非完美市场环境下,中小型企业难以及时从外部市场获取低成本的融资以支持经营活动,企业进而转向持有更多的内部现金以维持企业的正常运转。在 Myers 和 Majluf(1984)提出的非完美市场优序融资理论中,企业外部融资与内部融资难以完全替代,融资市场与企业之间由于存在高度的信息不对称问题,导致企业面临较大的外部融资约束难题,外部融资成本的增长促使企业放弃了部分净现值为正的投资项目。Jensen 和 Meckling(1976)在其委托—代理理论中,指出外部参与者由于对信息掌握的不完全性,易产生内部参与者在激励机制和监管缺失的情况,内外部的融资成本不一致,代理人基于自身利益最大原则有可能损害外部投资者的利益,因此外部投资者会要求相应的风险溢价,而这一风险溢价随着信息不对称程度的升高而增大。中小型企业由于在规模、经营管理水平、信用基础等方面都较大型企业存在不足,难以满足银行对于信贷的要求标准,外部投资者对于中小型企业的融资需求普遍持审慎态度,会要求较高的风险溢价。此外,由于中小型企业的融资需求具有频率高、单笔数额小的特点,外部投资者在信息搜索、信息处理、贷后监管等方面都存在较高的交易成本,进一步加剧了中小型企业的融资约束问题。此外,宏观经济环境的变化也加剧了中小型企业的融资约束。特别是 2008 年金融危机以来,全球金融市场衰退,融资成本高涨,虚拟经济的动荡向实体经济的传导(李晓西和杨琳,2000),外部需求缩减,企业经营现金流日益紧张;同时我国正处于经济结构转型的特殊时期,企业对于投资资金的需求也非常强烈,这些因素共同推高了中小型企业的融资约束。

  如何缓解中小型企业的融资约束,供应链金融提供了有效的融资模式。针对中小型企业资信差的特点,外部投资者通过供应链中核心企业与上下游中小型企业的信用关联,以核心企业的担保为基础,从不动产融资转向动产融资,从财务报表分析转向交易结构分析,提升中小型企业的融资服务能力。张伟斌和刘可(2012)基于我国中小上市企业的数据论证了供应链金融发展对于缓解企业融资约束的作用,但缓解效果不明显。赖荣华(2014)也基于投资—现金流敏感性模型通过实证分析,论证了供应链金融发展对企业融资约束的缓解作用。薛文广和张英明(2015)基于投资—现金流敏感性模型,通过实证分析论证了供应链金融对于企业融资约束的缓解作用。顾群(2016)基于科技型中小型企业的数据分析验证了供应链金融对于企业融资约束的影响,供应链金融可以有效缓解企业的投资—现金流敏感性。但所有的已有研究中共存的一个问题是,对于供应链金融的度量仅仅是采用三个指标与经营现金流的简单交叉来验证供应链金融对于融资约束的影响,结果均显示供应链金融发展对于企业融资约束的缓解作用非常小,不足 10%,只有顾群(2016)在其稳定性检验中用应收账款和预付账款来代理供应链金融发展水平时，缓解作用高于10%，因此可见现有的研究中对于供应链金融发展水平的度量存在较大的误差。

度量融资约束方面的研究，目前主要有两种分析模型，即投资—现金流敏感性分析（FHP）和现金—现金流敏感性分析。投资—现金流敏感性分析是由Fazzari等（1988）提出的，主要是研究融资约束与企业投资行为之间的关系，并指出企业的融资约束强度与企业投资强度呈负相关关系。融资约束越强，企业越倾向于持有更多的内部资金用于投资活动，现金持有量与融资约束强度呈正相关关系（Opler et al.，1999），将企业投资与现金流净额的正向关系作为外部融资约束问题的证据。虽然有大量学者应用投资—现金流敏感性分析论证了企业融资约束问题，但最近几年来，投资—现金流敏感性分析的有效性不断遭到质疑。Kaplan和Zingales（1997，2000）论证了投资—现金流敏感性分析并非度量融资约束的有效手段。Chen和Chen（2009）基于研发投资与现金持有量关系的时间序列研究，也论证了投资—现金流敏感性分析在度量融资约束方面的无效性。Almeida等（2004）从企业流动性需求角度，提出了度量企业融资约束的现金—现金流敏感性分析模型，指出融资约束型企业在受到负面经济环境冲击时倾向于留存现金流，而非融资约束型企业则没有这一倾向。George等（2005）基于实证数据分析，同样发现投资—现金流敏感性分析并非较好的融资约束度量手段。

投资—现金流敏感性分析主要是研究企业投资决策活动对企业内部现金持有量的敏感性，但由于供应链金融主要是影响企业可支配的现金流进而影响企业的投资活动，因此供应链金融对于企业融资约束的影响应选择现金—现金流敏感性分析，且大量的国内学者的研究也已经证实现金—现金流敏感性分析对于度量国内企业融资约束的有效性（连玉君等，2010；张伟斌和刘可，2012；李宝宝等，2016）。

因此，鉴于已有研究的优势和不足，本章首先从构建有效的供应链金融发展水平评价指标开始，借鉴现金—现金流敏感性分析模型，对供应链金融发展水平对中小型企业融资约束的缓解作用进行研究。

7.3 研究假设及模型选择

7.3.1 研究假设

依照前面的分析,供应链金融的发展整合了产业链条上的各类企业,为市场提供了更多的金融资源。通过核心企业信息优势来弥补和缓解中小型企业"道德风险"和"逆向选择"的问题,进而提升其信用水平,将有助于提高资金分配的效率,加快中小型企业资金周转速度。金融机构可以提升其获取信息和控制风险的能力,运作将更有效率,在一定程度上减少了内外部投融资双方所面临的信息不对称,进而缓解中小型企业的融资约束问题。因此可得:

H7-1:供应链金融发展有助于缓解中小型企业的融资约束。

此外,商业信用作为一种供应链协调手段,是供应链上下游成员之间由于商品交易而形成的应付账款、应付票据、预收账款等构成的企业间的信贷关系。作为一种基于商品资本的实物信用,商业信用的使用可以有效降低企业所需持有的现金量,从而降低企业的现金流敏感性。特别是对于中小型企业而言,其现金流较为有限,使用商业信用可以缓解其融资约束。因此可得:

H7-2:供应链商业信用有助于缓解中小型企业的融资约束。

7.3.2 变量选择与模型设定

借鉴 Almeida 等(2004)、Lopezgracia 和 Sogorbmira(2015)建立的现金—现金流敏感性模型,本章首先构建了一个基准模型:

$$DCash_{i,t} = \beta_0 + \beta_1 CF_{i,t} + \beta_2 Size_{i,t} + \beta_3 Std_{i,t} + \beta_4 Nwc_{i,t} + \beta_5 Grow_{i,t} + \beta_6 Exp_{i,t} + year_t + f_i + \varepsilon_{i,t} \quad (7.1)$$

其中,$DCash$ 是企业现金持有量变动,CF 是企业经营活动现金流净值,$Size$ 是企业规模,Std 是企业短期负债变动,Nwc 是企业净营运资本变动,$Grow$ 是企业成长能力，Exp 是企业投资支出，ε 为误差项，i 是企业标识，t 表示时间，$year_t$ 为时间效应，f_i 为企业个体效应。在所有待估参数中，参数 β_1 反映的是现金持有量变动对企业经营活动现金流净额的敏感性，由于企业应对融资约束的方式普遍是从当期现金流中留存一部分以现金（或现金等价物），来应对未来投资需求，故本章预期此变量的系数估计值应显著为正。

为考察供应链金融发展水平对中小制造型企业融资约束的影响，借鉴 Khurana 等（2006）、张伟斌和刘可（2012）的研究，将企业经营活动现金流净额与供应链金融发展水平指标相乘构建交互项，然后将交互项纳入基准模型（7.1），得到本章所用如下模型：

$$DCash_{i,t} = \beta_0 + \beta_1 CF_{i,t} + \beta_2 CF_{i,t} \times SCF_{j,t} + \beta_3 CC_{i,t} + \beta_4 Size_{i,t} + \beta_5 Std_{i,t}$$
$$+ \beta_6 Nwc_{i,t} + \beta_7 Grow_{i,t} + \beta_8 Exp_{i,t} + year_t + f_i + \varepsilon_{i,t} \quad (7.2)$$

其中，SCF 是供应链金融发展水平指标，CC 表示企业可获得商业信用，是缓解企业融资约束的另一个指标。根据所提基本假设 H7-1 和 H7-2，分别对应检验 $\beta_2 < 0$ 和 $\beta_3 < 0$。

具体变量定义与计量如表 7.1 所示。

表7.1 变量定义与计量

变量类别	变量名称	变量符号	变量计量
被解释变量	现金持有量变动率	DCash	现金及其等价物持有量变动值/总资产
解释变量	经营活动现金流净额	CF	经营活动现金流净额/总资产
	供应链金融发展水平	SCF	通过主成分分析构造而成
	供应链金融发展水平与现金流交叉项	SCF × CF	SCF × CF
	商业信用	CC	（应付账款 + 应付票据 + 预收账款）/总资产
控制变量	企业规模	Size	总资产的自然对数
	企业短期负债比例	Std	流动负债/总负债
	企业净营运资本变动	Nwc	（流动资产 – 流动负债）/总资产
	成长能力	Grow	营业总收入增长率
	企业投资支出	Exp	固定资产、无形资产以及其他长期性资产支出/总资产
	年度效应	year	虚拟变量

数据来源：作者整理。

7.3.3 样本选择与数据选取

本章以我国中小上市企业为主要研究对象，选取股权分置改革后 2011~2015 年的企业财务数据作为样本。为了数据的完整性和有效性，本章剔除被 ST（特别处理）和 PT（特别转让处理）的数据样本，并且剔除上市时间晚于 2011 年的样本，保证研究样本数据的完善性，数据经过筛选处理后，共获得 835 家企业的 4175 个样本观测值。本章的研究数据来自 Wind 数据库和国家统计局网站，数据最终运用 Stata 12.0 进行分析。

7.4 供应链金融发展指数构建

在市场上搜索供应链金融指数，主要有两个指数：一是同花顺信息平台中有基于供应链金融概念企业编制的指数；二是百度搜索指数，该指数是基于网民在百度的搜索"供应链金融"以及相关关键词，以各个关键词的搜索频次为加权和确定的最终搜索指数。相关指数，如互联网金融发展指数的构建也主要是基于互联网金融概念企业的市场表现，通过设置一定的权重赋值形成的评价指数体系，其中还包含部分供应链金融概念企业。

即使从文献调研看，对于供应链金融发展指数的实践应用也非常有限。在已有的研究中（张伟斌和刘可，2012；刘可和缪宏伟，2013；牟伟明，2014；牛似虎等，2017），度量供应链金融发展水平的指标主要包括五个：全国短期贷款发生额、全国商业汇票发生额、全国票据贴现发生额、全国商业汇票期末未到期金额和全国贴现期末余额。但对于这些指标的使用还停留在单个指标与现金流的交叉乘积，缺乏对这些指标的整合。而且对于余额类指标，由于其是长时期的积累量，因累计年份增加而逐渐增长，难以度量某一年份的真实的融资性服务水平。因此，本章选取发生额作为供应链金融水平的度量的待选指标。并且鉴于汇票、贴现是目前广泛使用信用贷款、应收账款融资的工具，因此本章选取全国短期贷款发生额、全国票据贴现发生额、全国商业汇票发生额三个指标与本期 GDP 的比值作为衡量供应链金融发展水平的替代指标（见表 7.2）。

表 7.2　　　　　　　　供应链金融发展水平评价指标

指标	指标计算
SCF1	全国短期贷款发生额/本期 GDP
SCF2	全国票据贴现发生额/本期 GDP
SCF3	全国商业汇票发生额/本期 GDP

数据来源：作者整理。

为构建一个反映供应链金融发展水平的综合指标，本章借鉴姚耀军和董钢锋（2015）在构建地区金融发展水平综合指标时所采用的主成分分析方法，三个指标的主成分分析结果见表 7.3。

表 7.3　　　　　　　　　主成分分析结果

因子成分	初始特征值			因子提取结果		
	特征值	方差贡献率（%）	方差累计贡献率（%）	特征值	方差贡献率（%）	方差累计贡献率（%）
1	1.891	63.026	63.026	1.891	63.026	63.026
2	0.748	24.918	87.944			
3	0.362	12.0554	100			

数据来源：作者计算。

从表 7.3 可以看出，在三个主成分中，第一个主成分的贡献率最高，达到了 63.03%，且只有其特征值大于 1。因此选取第一个主成分的载荷系数除以其对应的特征值的二次方根，可以得到每个指标的权重系数。由此可以得到一个主成分线性组合，即构造的一个供应链金融发展水平的综合度量指标：

$$SCF = 0.0257 \times SCF1 + 0.995 \times SCF2 + 0.092 \times SCF3 \qquad (7.3)$$

从式（7.3）可以看出，第二个指标"全国票据贴现发生额"的权重最大，说明该指标对于供应链金融发展的重要性。从现有的供应链金融业务模式来看，主要是应收账款票据和库存单的融资，这些票据的票据贴现是最主要的供应链金融业务。短期贷款以及商业汇票难以被全部认定为供应链金融业务。短期贷款的获取既可以是固定资产或流动资产为抵押担保，抑或是信用贷款，考虑到目前我国贷款担保主要来自固定资产这一现状,因此直接使用短期贷款发生额作为供应链金融发展水平的评价指标会导致指数虚高。商业汇票作为一种依托办理款项结算的方式,该指标的国内统计口径包括商业承兑汇票和银行承兑汇票,其中银行承兑汇票的占比高达九成以上,而服务于企业组织间商品交易活动的商业承兑汇票由于受社会信用基础薄弱的影响,占比不足一成。银行承兑汇票则主要基于企业在银行的现金账户或者授信额度进行,并未对企业的营运资金产生增量,因此不太适宜作为衡量供应链金融发展的指标。

从表 7.4 也可以看出,国内的供应链金融业务从 2013 年开始发力取得了快速发展,这与第 5 章的 DEA 分析结果以及百度搜索指数均一致。因此,从三个指标各自的权重也可以表征三个指标对于供应链金融发展的贡献程度,可以认为所构建的综合指标具有较强的合理性,可以用于接下来的进一步分析。

表 7.4　　　　　2011~2015 年供应链金融发展水平

年份	2011	2012	2013	2014	2015
SCF	0.551	0.624	0.812	0.978	1.520

数据来源:作者计算。

7.5　实证分析与检验

7.5.1　描述性统计及相关性检验

表 7.5 为本章所涉及的所有变量的描述性统计结果。

表 7.5　　　　　　　变量描述性统计

变量	观测数	平均值	中值	标准差	最小值	最大值	Q25	Q75
$DCash$	4175	0.009	0.000	0.119	-0.580	0.708	-0.045	0.045
CF	4175	0.053	0.049	0.082	-0.762	0.509	0.008	0.097
$SCF \times CF$	4175	0.048	0.041	0.077	-0.745	0.722	0.006	0.084
CC	4175	0.159	0.133	0.116	0.325	0.779	0.077	0.212
$Size$	4175	21.353	21.355	1.404	17.681	27.298	20.757	21.939

续表

变量	观测数	平均值	中值	标准差	最小值	最大值	Q25	Q75
Std	4175	0.865	0.930	0.175	0.073	1.000	0.806	0.985
Nwc	4175	0.290	0.291	0.237	-1.298	0.963	0.124	0.460
$Grow$	4175	0.151	0.111	0.339	-0.915	6.784	-0.001	0.251
Exp	4175	0.071	0.054	0.062	0.000	0.603	0.026	0.098

数据来源：作者计算。

从835家样本企业的数据统计结果可以看出，现金持有量变动DCash在企业之间表现出较大的差异性，最大值与最小值，以及两者与平均值的差异都比较大，而且其中不乏变动为负值的企业，均值为0.009，说明整个板块企业的现金持有量波动不是很大。从企业经营活动现金流净额CF指标看，均值只有5.3%，最小值为-76.2%，有接近四分之一的企业经营活动现金流净额为负，且特别是最大的1/4（Q75以上）与最小的1/4（Q25以下）之间存在较大的差异，表明我国中小型企业在现金流管理方面差异较大。从商业信用CC指标来看，平均值与中值之间差异较小，但Q75与Q25存在较大差异，表明中小型企业在供应链中所接受的商业信用存在较大差异，且与Q75以上相比，绝大部分（Q75以下）存在不同程度的商业信用不足，结合企业经营活动现金流净额方面的差异以及均值为86.5%的短期负债比例可以看出，大部分的中小型企业存在不同程度的流动性不足问题，引致对供应链外部融资的强烈需求。由于本章研究样本选取的是中小板块的企业，所有企业间规模方面大部分差异不大，从表7.5中指标Nwc可以看出。其余变量在企业间均存在较大差异，但标准差处于合理范围之内。

表7.6展示了变量之间的相关系数，从表中可以看出所有变量之间的相关系数均小于0.5，说明所有变量之间不存在显著共线性。供应链金融发展水平SCF与DCash、CF的相关系数为正，说明供应链金融发展有助于增加企业的现金流；与CC负相关，说明供应链金融发展可以降低企业对商业信用的依赖度；与Size负相关，说明企业规模越小，越需要供应链金融融资服务；与Std负相关，说明供应链金融可以改善企业的流动负债的状况；与Nwc、Grow、Exp均正相关，说明供应链金融发展有助于改善企业的运营资金、业务增长以及投资水平。

表 7.6　　　　　　　　　变量相关系数矩阵

变量	DCash	CF	SCF	CC	Size	Std	Nwc	Grow	Exp
DCash	1								
CF	0.191**	1							
SCF	0.134*	0.062*	1						
CC	0.022	0.005	-0.058*	1					
Size	-0.025	-0.112*	-0.013	0.113*	1				
Std	-0.001	0.083*	-0.100*	0.289*	-0.083*	1			
Nwc	0.129**	-0.009	0.036**	-0.226*	-0.14*	0.145*	1		
Grow	0.073**	-0.010	0.086	0.061*	0.105*	-0.007	-0.006	1	
Exp	-0.147*	0.173*	0.094*	-0.138*	-0.044*	-0.086*	-0.204*	0.047	1

注：因变量为 DCash，** 和 * 分别表示在 0.01 和 0.05 的水平（双侧）上显著性水平。
数据来源：作者计算。

7.5.2　回归结果分析

本章首先采用 Hausman 检验确定模型是选择随机效应还是固定效应，根据 Wald 统计量，由于统计量等于 299.15，其 p 值小于 0.01，拒绝随机效应模型的原假设，因此应该采用考虑企业个体效应的固定效应模型对样本数据进行回归分析。利用 Stata 12.0，得到回归结果（见表 7.7）。从表 7.7 可以看出，固定效应均具有显著的 F 统计量，p 值均小于 0.01，且所有模型中系数均显著，可见所选固定效应模型非常显著。

表 7.7　　　　　　　　　固定效应模型回归结果

变量	模型一	模型二	模型三	模型四
CF	0.325***	0.425***	0.341***	0.459***
SCF × CF		-0.121**		-0.142***
CC			-0.138***	-0.149***
Size	0.009***	0.010***	0.010***	0.011***
Std	-0.081***	-0.086***	-0.071***	-0.077***
Nwc	0.223***	0.221***	0.210***	0.207***
Grow	0.024***	0.023***	0.026***	0.026***

续表

变量	模型一	模型二	模型三	模型四
Exp	-0.533***	-0.549***	-0.533***	-0.553***
常数项	-0.158***	-0.172***	-0.163***	-0.180***
Year	控制	控制	控制	控制
F值	92.340*** (0.000)	79.800*** (0.000)	80.551*** (0.000)	71.260*** (0.000)

注：***、**和*分别表示在0.01、0.05和0.1的水平（双侧）上显著相关。
数据来源：作者计算。

从回归结果看，从模型一到模型四，所有模型中经营活动现金流净额CF的系数均为正值，并且在1%的置信水平上显著，说明国内中小上市企业存在显著的现金—现金流敏感性，存在明显的融资约束，对于外部融资存在较强的需求，中小型企业普遍会采取现金积累的方式，将经营活动中产生的现金流留存来扩充运营资金。从模型二和模型四均可以看出，供应链金融发展水平与经营活动现金流净额的交互项系数均为负值，且在1%的置信水平上显著，说明供应链金融有助于改善企业的现金流约束，可以帮助企业降低持有现金的成本，帮助中小型企业缓解融资性约束问题。该结果与张伟斌和刘可（2012）、牟伟明（2014）、薛文广和张英明（2015）、李宝宝等（2016）等的结果一致，该项系数均为负值，在一定程度上支持本章的研究发现及综合指标的有效性，支持所提假设H7-1。考虑商业信用对于企业现金—现金流敏感性的影响，从表7.7中可以看出，在模型三和模型四中，商业信用与现金流持有量变动之间也是负相关关系，且该变量的系数在1%的置信水平上显著，说明商业信用可以减少企业所需持有的现金流，同样有助于缓解中小型企业的融资约束。正如前面所言，商业信用可以发挥与供应链金融相似的作用，都可以有效降低企业对现金流需求，缓解企业的融资约束，因此在供应链中如果上下游之间可以形成良好的信息互联、互动，以及彼此信用基础，就可以有效降低企业对外部融资的需求，降低融资约束，支持所提假设H7-2。但考虑到真实市场的复杂性与不完全性，理想状态的供应链整体联动还非常欠缺，因此对于供应链金融这一融资方式的需求还将非常旺盛。

此外，从供应链金融发展水平与经营活动现金流净额的交叉项和商业信用两个指标的系数绝对值均大于0.13，可以看出，供应链金融与商业信用对于缓解中小型企业的融资约束作用较大，但仍有较大的提升空间；较大的系数也印证了张伟斌和刘可（2012）对自己模型结果中交叉项的系数较小的解释，即全国短期贷款发生额、全国商业汇票发生额、全国票据贴现发生额等三个指标的统计口径中包含非供应链金融的成分，导致单纯地用三个指标分别与经营活动现金流净额交叉得到的指标难以反映真实的供应链金融发展水平，也支持本章所构建的供应链金融发展水平综合评价指标的相对有效性。

对于控制变量部分，企业规模、企业净营运资本变动、成长能力等三个变量的系数在1%的置信水平下均显著为正，说明这三个变量与现金流持有量变动呈正向关系；而企业短期负债比例变动、企业投资支出两个变量的系数在1%的置信水平均显著为负，说明这两个变量与现金流持有量变动呈负向关系。控制变量部分的结果易于解释，企业的规模越大对于现金持有量的需求越大，净营运资本的增长可以增加现金持有量，成长能力越强的企业对于现金流的需求也越强，而企业短期负债比例和投资支出的升高会增加企业的现金流支出，从而降低了企业的现金持有量。

7.5.3 稳健性检验

由于企业应收账款、应收票据、预付账款是目前供应链金融业务的主要融资标的物，因此为了进一步检验模型结果的稳健性，选取企业应收账款、应收票据、预付账款的总计量与期末总资产的比值作为供应链金融发展水平的代理变量。将代理变量代入，重新对模型一至四进行检验，表7.8给出了新的回归模型的结果。

表7.8的回归结果显示，供应链金融发展水平与经营活动现金流净额的交叉项的系数仍为负值，商业信用的系数也仍为负值，且其他变量的系数虽有所变动但正负号仍与模型一到模型四的保持一致，且均显著，因此，可认为本章的实证结果是稳健的，研究结论具有较高的可靠性。

表7.8 检验模型回归结果（固定效应模型）

变量	模型五	模型六	模型七	模型八
CF	0.325**	0.410	0.341**	0.419
$SCF^* \times CF$		−0.332		−0.321
CC			−0.138**	−0.104**
$Size$	0.009***	0.036***	0.010***	0.035***
Std	−0.081**	−0.040**	−0.071**	−0.035**
Nwc	0.223**	0.243***	0.210**	0.232**
$Grow$	0.024***	0.019***	0.026***	0.021***
Exp	−0.533**	−0.478***	−0.534**	−0.482**
常数项	−0.158**	−0.780	−0.163**	−0.744
Year	控制	控制	控制	控制
F值	92.340*** (0.000)	83.560*** (0.000)	80.55*** (0.000)	73.790*** (0.000)

注：***、**和*分别表示在0.01、0.05和0.1的水平（双侧）上显著相关。
数据来源：作者计算。

7.6 本章小结

供应链金融作为一种外部融资手段，基于价值网络中的核心企业，以其与中小型企业的交易结构为依托，借助其信息和信用优势弥补中小型企业的信用基础薄弱导致的融资难、融资贵问题，有助于优化中小型企业的现金流，有助于改善企业生态和产业生态中的融资约束问题，进而优化价值网络中的资金流动速度，提升商业生态的竞争力。鉴于已有的供应链金融发展对企业融资约束的影响研究中对于供应链金融发展水平评价指标的研究还非常欠缺，且既有研究中对于评价指标的选取和处理也缺乏科学性，本章首先构建了一个反映供应链金融发展水平的综合评价指标。根据最近几年该指标的变化可以看出，国内供应链金融从2013年伊始开始得到迅猛发展，这些结果得到了百度搜索指数的支持。

除供应链金融有助于缓解企业融资约束外，企业之间的商业信用也是一种改善融资约束的有效方式。在将供应链金融发展指数和商业信用加入现金—现金流敏感性模型分析之后，基于我国中小上市企业 2011~2015 年的数据实证研究发现，国内中小型企业普遍存在不同程度较为明显的融资约束问题，供应链金融的发展以及商业信用都有助于缓解中小型企业的融资约束问题。

鉴于研究结果，本章认为要解决价值网络中的融资约束问题，可以从两个方面入手：一是加强供应链金融发展水平，鼓励商业银行大力发展交易银行业务，鼓励非金融类企业实施产融结合，大力推动供应链金融商业模式创新，丰富供应链金融业务品种；二是可以从加强供应链上下游的协作入手，发挥核心企业及节点企业的关键作用，降低供应链上下游企业间的信息不对称，增强上下游企业间的信用基础，通过供应链协作提升商业信用在交易活动中的使用程度，降低企业对于现金流的依赖度，进而改善整个供应链的运营效率。

第 8 章

基于商业生态系统视角的中小型企业融资约束问题及对策

近年来,随着我国经济增长步入新常态,经济增长由粗放型转向集约型,经济结构调整和产业结构升级过程中,小微企业转型升级过程中面临一系列困难。提升金融体系服务小微企业效率的关键在于解决金融机构与小微企业信息不对称问题,因此,金融体系应从解决信息不对称角度,着力优化传统融资业务模式,创新风险管控模式。建立以市场化服务为主、以政府逆周期调节为辅的小微金融服务体系,多渠道、多方式、多举措破解小微企业融资难题。

8.1 金融供给与小微企业需求不匹配

近年来,为降低小微企业融资成本问题,相关部门陆续出台了一系列卓有成效的金融举措。在政策引导下,普惠型小微企业贷款余额维持较快增长,贷款平均利率持续下行。但现阶段经济金融的周期性、结构性、体制性问题仍比较突出,小微企业融资需求旺盛与有效金融服务供给不足的矛盾依然比较尖锐,金融机构小微企业贷款余额占企业贷款余额的比例仍较低,上升空间较大。造成小微企业融资难、融资贵的原因是多样的。

一是资金供给与需求期限不匹配。由于股权融资、债券融资具有较高的门槛,小微企业难以通过发行股票或者债券获得长期低成本资金。短期流动性过剩情形下，金融机构（以银行为主）为小微企业提供的资金主要为信贷类短期资金，而小微企业经营发展所需主要为中长期资金，导致小微企业普遍采取短融长投的模式，不断滚动融资。一旦信贷周期步入收缩，小微企业往往难以借新还旧，容易出现流动性危机，甚至导致企业破产。

二是融资成本与小微企业资产回报率的不匹配。小微企业普遍处于发展初期，资本实力不足，经营波动性较大，风险来源较多。金融机构往往要求较高的风险溢价或者其他的担保、增信措施等，且金融机构业务成本较高，导致小微企业的实际融资成本远高于名义贷款利率和商业银行平均贷款利率。融资成本高挤压小微企业利润，部分小微企业资产回报率不及融资成本，难以持续经营。

三是融资服务模式与小微企业特点的不匹配。目前，我国金融机构的融资服务主要以不动产抵押为主，动产质押由于价值评估难、流动性差、处置困难，导致普遍缺乏不动产的小微企业又难以动产质押融资。担保物与担保机构的不足以及小微企业融资需求"短、小、频、急"的特点，导致小微企业难以满足银行信贷要求，银行惜贷、怯贷。这导致部分小微企业不得不转向高利率的民间借贷，进一步推高了借贷利率，反过来又弱化了小微企业的持续经营能力，增加了金融系统的不稳定。

此外，金融体系的顺周期性行为也放大了小微企业融资难、融资贵问题。经济上行期，信贷扩张，风险偏好上升，小微企业容易获得信贷资源；经济下行期，信贷收缩，风险偏好下降，小微企业难以获得信贷资源。金融服务主体相对单一（以银行为主）、金融机构信贷风险管控能力不足、信贷对抵押担保的过度依赖，容易导致金融机构行为的自我强化，加剧了金融体系的过度顺周期性，放大了周期性波动，导致小微企业融资问题在经济下行期、信贷收缩期凸显。

8.2 增强金融体系服务小微企业能力的对策

目前，我国金融市场供给侧结构性改革的重心在于解决金融服务功能不足、不完善与实体经济日益增长的金融需求之间的矛盾,而解决这一矛盾的根本在于深度优化金融市场结构,重点在于提升直接融资比例,优化间接融资服务效率。深化金融供给侧结构性改革,加快非银金融规范、有序发展,提升金融市场资金融通、资源配置效率,有利于优化金融市场运行效率,提升金融体系服务小微企业的水平。

提升金融体系服务小微企业效率的关键在于解决金融机构与小微企业信息不对称问题。信息不对称是造成小微企业融资难、融资贵的本质。因此,金融体系应从解决信息不对称角度,着力优化传统融资业务模式,创新风险管控模式。建立以市场化服务为主、以政府逆周期调节为辅的小微金融服务体系。从金融服务供应主体及风险管控模式创新来看,应着力从以下四个方面增强金融体系服务小微企业的能力。

一是创新传统金融机构小微企业融资服务模式。持续提升大中型商业银行普惠金融事业部服务小微企业能力,加强政策支持,引导、监督商业银行落实针对小微企业的定向降准政策。

持续优化、创新针对小微企业的融资服务的风险管控模式和水平。以商业银行数字化为契机,深化小微金融服务线上线下融合。利用大数据、云计算、机器学习等改进授信审批流程与风险评价模型,提高审批效率,扩大小微企业信贷服务范围。

创新业务模式和融资工具,降低信贷对不动产抵押品的依赖。鼓励商业银行与第三方平台或企业合作,创新风险评估、识别、管控模式,扩大抵押物、担保物的范围,增强对抵押物、担保物的评估、掌控与处置能力。加快发展供应链金融,提高金融机构对小微企业资金流、信息流、物流等的掌控力,解决小微企业流动资产融资难题。

大力发展高质量票据融资市场,健全针对小微企业的票据融资服务,提高商业票据、小额票据在票据市场中的比例,提升小微企业票据市场流动性。此外,适当允许小微企业非标资产转标创新,支持金融机构在合规前提下合理利用证券化等方式帮助小微企业解决资产流动性问题。

二是丰富小微企业融资服务供给主体,加快发展服务小微企业的新型金融机构。支持民营银行、村镇银行和社区银行等地方中小金融机构发展，发挥其服务小微企业的针对性与灵活性。支持新型金融机构利用互联网、大数据、云计算等技术和信息优势，降低交易成本，提高小微企业金融服务效率。对于小微金融供给主体，需要适当畅通其与批发融资市场、资产交易平台等的业务往来通道，扩大其资金来源，增强其资产流动性。

三是加快完善针对小微企业的资本市场功能建设。以设立科创板并试点注册制为契机，进一步优化多层次资本市场及其制度性安排，丰富小微企业发展所需的长期资金来源。合理放宽小微企业在中小板、创业板上市融资的准入门槛，增加小微企业上市企业数量。优化新三板、区域性股权市场，扩大小微企业股权转让市场规模，解决市场流动性差和交易不活跃问题。完善天使投资、风险投资或私募基金的税收优惠和退出机制，以制度性安排激发长期资金对于小微企业的兴趣。加快发展小微企业集合债、集合票据、专项私募债等新型融资工具，提升债券市场对小微企业的直接融资服务能力。

四是发挥好政府逆周期调节作用。金融市场具有较强的顺周期性，需要强化政府逆周期调节机制，才能有效对冲经济下行压力下金融机构趋利避害的商业逻辑。发挥好全面降准、定向降准、再贷款和再贴现等货币政策工具的基石作用，发挥好监管指标、监管考核、业绩考核等激励政策的引导作用。以国有银行为"头雁"，鼓励各层次、各类型的金融机构发挥特色，扩大小微金融服务的范围和内涵。地方政府应多措并举，加强融资性担保体系建设，安排适当财政资金与社会资本合作设立小微信保基金及相关担保机构，搭建小微企业担保增信体系。同时，发挥税收、补贴等优惠政策的杠杆作用，引导社会资金满足小微企业融资需求。

小微企业融资难题需要从金融供给侧结构性改革维度统筹布局。深化金融体制改革，以利率市场化改革为契机，增加小微金融服务供应主体，推动传统金融机构服务模式和产品转型升级。明确小微企业金融服务重点领域和薄弱环节，发挥政策、国有银行以及地方政府的引导和带动作用，推动金融机构切实落实中央政策，扩大普惠金融服务范围和规模，提升小微金融服务效率和服务水平，实现稳增长、稳就业和稳预期。

8.3 发展供应链金融服务小微企业

供应链金融的发展不仅有助于缓解中小型企业的融资约束，更是核心企业打造商业生态系统的有效工具。基于供应链金融平台，核心企业可以实现对信息流、物流、资金流和商流的有效整合，实现产业资本与金融资本的跨界融合。本书从理论分析和实证分析两个方面，对近年来供应链金融的发展模式及趋势进行了梳理和分析，对基于供应链金融平台的商业生态系统进行了探究，对其价值网络中的价值创造、传递、获取流程进行了深入分析。基于案例分析进一步探究了供应链金融平台在商业生态系统中的角色和作用，分析了供应链金融对企业商业模式创新的推动作用。由于缓解中小型企业融资约束，提升核心企业融资效率是供应链金融的重要使命。本书对供应链金融概念企业（核心企业）的融资效率进行了实证分析，证实了供应链金融发展战略在提升核心企业融资效率方面的作用。此外，就供应链金融发展是否有助于缓解产业链上下游企业的融资约束，本书基于构建的供应链金融发展水平评估指标进行了实证研究，并给出了支持性结论。

从主导企业及业务模式的分类梳理分析可以发现，企业主导的供应链金融模式均依托于企业自身的核心资源和能力，并依据其在供应链和产业链中的生态位开展相关业务，业务的对象、开展方式、规模、盈利模式、风险控制等都依赖于企业组织在价值网络中的位置。通过供应链金融发展趋势的分析可以看出，企业主导的供应链金融业务正逐渐向平台型模式转变，其中具有代表性的企业是京东、顺丰和怡亚通等。这些企业在原有实体业务系统基础上打造服务实体业务的供应链金融平台，并基于这些信息平台加载商业模式，实现资源集聚和能力互补，通过生态系统中企业之间的相互关联，降低交易成本，扩大针对中小型企业的融资服务范围，缓解中小型企业的融资约束问题。供应链金融平台借助信息系统降低信息收集成本和融资服务成本，破解了中小型企业多批量、小额度的融资性难题。在基于信息系统的供应链金融平台上，信息和数据之间的互联互通拓展了企业的边界，企业传统组织边界逐渐模糊，企业间从业务合作发展为战略合作，共同构成利益共生体。随着越来越多的企业涉足供应链金融业务，产业资本与金融资本加速跨界结合，供应链金融平台越来越多地与其他平台相结合，与外部环境、金融市场的联系更为紧密，以供应链金融平台为基础打造商业生态系统成为企业的共识。

基于供应链金融平台的商业生态系统对融资业务的开发突破了供应链金融本身，拓展为跨产业链、跨供应链、跨价值链的多业务整合，将消费金融、互联网金融等业务纳入其中，理顺业务层、职能层、组织层、系统层的业务逻辑，深耕底层业务融合，将不同的业务主体、对象通过业务逻辑有效整合于统一平台之下。通过京东供应链金融、顺丰金融案例的分析更可以看出，产业资本与金融资本结合的目的是缓解产业融资约束，优化金融资源配置，实现资本增值。基于供应链金融平台的商业生态系统必须以服务实体产业为导向，金融服务作为支持性功能加速实体产业的价值创造过程。从零售企业商业模式的对比分析，可以看出零售供应链管理的瓶颈越来越体现在资金流方面。供应链金融不仅是一种融资模式，更体现在以资金流优化重新定义信息流和物流的价值创造模式。零售商作为供应链中的核心企业，基于供应链金融平台变革原有的商业模式，对价值创造、传递、获取的模式进行创新，商业模式沿着服务化、平台化、生态化的方向演进。

融资约束是制约企业发展的关键问题之一。供应链金融概念股企业作为应用供应链金融实施产融结合的代表企业，其在利用供应链融资服务实体业务方面有先天优势，所以这些企业融资效率的高低在很大程度上反映了这类企业生态系统的融资效率。本书运用DEA方法对沪深两市的供应链金融概念股企业的融资效率进行评估的结果表明，从2013年底开始，供应链金融概念股在融资效率方面有了较大的提升，这一结果与百度搜索"供应链金融"这一概念的指数变化相吻合。基于分析结果可以看出，供应链金融概念股在融资效率方面的提升主要来自技术进步，这与最近三年来供应链金融呈现的线上化、平台化等技术导向演进相吻合。供应链金融概念企业与中小型企业在应收账款周转率、存货周转率、现金比率和净资产收益率方面的比较分析结果说明，供应链金融发展战略对于供应链金融概念企业融资效率有促进作用。

近年来，我国中小型企业的融资约束有所加重，资金流成为制约供应链乃至商业生态运营效率的瓶颈，而供应链金融的发展可以显著缓解中小型企业的融资约束。本书构建的供应链金融发展水平综合评价指标，更为准确地评价了我国近年来的供应链金融发展水平，弥补了前人研究在评价精度方面的不足。基于现金—现金流敏感性分析，证实了供应链金融发展对中小型企业融资约束的缓解作用，同时也验证了作为供应链内部融资方式的商业信用在改善中小型企业融资约束方面可以发挥同样的作用。因此，在搭建基于供应链金融平台的商业生态系统时，应从两个方面入手解决制约系统效率提升的融资约束：一是大力发展供应链金融业务，扩大其在商业生态系统中的服务范围，丰富融资业务内容，推进资产证券化战略，加强与消费金融、互联网金融业务的配合，创新业务模式；二是从提高供应链上下游企业间的协作水平入手，发挥核心企业的关键作用，增强企业之间的信任水平，提升商业信用在交易活动中的使用比例，降低企业对于现金流的依赖程度，进而改善整个价值网络的融资效率。

8.4 研究展望

本书从生态系统视角系统性地研究了供应链金融在商业生态系统中的角色和作用机制，对生态系统中核心企业的融资效率和中小型企业的融资约束进行了实证研究，从理论上对弥补了现有研究的不足。展望未来，供应链金融的发展向着生态系统模式演变，可以说未来的供应链金融将更多地与消费金融、互联网金融等新的平台模式产生结合，对价值网络中的价值创造、传递和获取方式产生变革性影响，产业资本与金融资本跨界融合将创造更多的企业增长奇迹。

供应链金融生态的模式、框架、业务逻辑以及制度逻辑将是未来供应链金融研究的重点领域。现在以阿里、京东、顺丰、怡亚通、平安银行、中信银行等为代表企业和商业银行都在致力于打造供应链金融生态圈,但这一生态圈的组织模式、业务模式、资源和能力协同机制、竞合关系下的利益协调等问题都还有待深入研究,相关模式的风险管控也亟待完善。而且在供应链金融领域,企业实践往往超前于理论创新,企业创新实践苦于缺乏相应的理论支持,因此在该领域的理论创新应是未来研究的重点之一。

参考文献

[1] Ahuja M. K., Carley K. M., Network Structure in Virtual Organizations [J]. Journal of Computer – Mediated Communication, 1998, 3 (4), p1 – 32.

[2] Allee V., Reconfiguring the Value Network [J]. Journal of Business Strategy, 2000, 21 (4), p36 – 39.

[3] Almeida H., Campello M., Weisbach M. S., The Cash Flow Sensitivity of Cash [J]. The Journal of Finance, 2004, 59 (4), p1777 – 1804.

[4] Atesoglu H. S., A Demand – Oriented Explanation of Economic Growth in Germany [J]. Journal of Post Keynesian Economics, 1996, 19 (1), p101 – 111.

[5] Ansoff H. I., Corporate Strategy: An Analytic Approach to Business Policy for Growth and Expansion [M]. Penguin Books, 1965.

[6] Arrow K. J., Vertical Integration and Communication [J]. Bell Journal of Economics, 1975, 6 (6), p173 – 183.

[7] Auboin M., Smythe H., Teh R., Supply Chain Finance and SMEs: Evidence from International Factoring Data [J]. Social Science Electronic Publishing, 2016, CESifo Working Dissertation No. 6039.

[8] Babich V., Independence of Capacity Ordering and Financial Subsidies to Risky Suppliers [J]. Manufacturing & Service Operations Management, 2010, 12 (4), p583 – 607.

[9] Buzacott J. A., Zhang R. Q., Inventory Management with Asset – Based Financing [J]. Management Science, 2004, 50 (9), p1274 – 1292.

[10] Casadesus-Masanell R., Ricart J. E., From Strategy to Business Models and onto Tactics [J]. Long Range Planning, 2010, 43 (2-3), p195-215.

[11] Caves D. W., Christensen L. R., Diewert W. E., The Economic Theory of Index Numbers and the Measurement of Input, Output, and Productivity [J]. Econometrica, 1982, 50 (6), p1393-1414.

[12] Charnes A., Cooper W. W., Rhodes E., Measuring the Efficiency of Decision Making Units [J]. European Journal of Operational Research, 1978, 2 (6), p429-444.

[13] Chen H., Chen S., Investment-cash flow sensitivity cannot be a good measure of financial constraints: Evidence from the time series [J]. Journal of Financial Economics, 2009, 103 (2), p393-410.

[14] Christos Pantzalis, Jung Chul Park, Ninon Sutton, Corruption and Valuation of Multinational Corporations [J]. Journal of Empirical Finance, 2008 (15), p387-417.

[15] Clarysse B., Wright M., Bruneel J., et al, Creating Value in Ecosystems: Crossing the Chasm between Knowledge and Business Ecosystems [J]. Research Policy, 2014, 43 (7), p1164-1176.

[16] Clementi G. L., Hopenhayn H. A., A Theory of Financing Constraints and Firm Dynamics [J]. Quarterly Journal of Economics, 2002, 121 (1), p229-265.

[17] Cohen M. A., Huchzermeier A., Global Supply Chain Management: A Survey of Research and Applications [M]. Springer US, 1999, p669-702.

[18] Dunning T., Case Study Research: Principles and Practices [J]. Cambridge University Press, 2007, 48 (2), p405-406.

[19] Eisenhardt K. M., Building Theories from Case Study Research [J]. Academy of Management Review, 1989, 14 (4), p532-550.

[20] Etzkowitz H., Leydesdorff L., The Dynamics of Innovation: from National Systems and "Mode 2" to a Triple Helix of University-Industry-Government Relations [J]. Research Policy, 2000, 29 (2), p109-123.

[21] Fabbri D., Klapper L. F., Trade Credit and the Supply Chain [J]. Faculteit Economie En Bedrijfskunde, 2009, Working dissertation.

[22] Färe R., Grosskopf S., Lindgren B., et al, Productivity Changes in Swedish Pharamacies 1980 – 1989: A Non – Parametric Malmquist Approach [J]. Journal of Productivity Analysis, 1992, 3 (1), p85 – 101.

[23] Fazzari S. M., Hubbard R. G., Petersen B. C., et al, Financing Constraints and Corporate Investment [J]. Brookings Dissertations on Economic Activity, 1988 (1), p141 – 206.

[24] Fellenz M. R., Augustenborg C., Brady M., et al, Requirements for an Evolving Model of Supply Chain Finance: A Technology and Service Providers Perspective [J]. Communications of the Ibima, 2009, 10 (29), p227 – 235.

[25] Gawer A., Cusumano M. A., Industry Platforms and Ecosystem Innovation [J]. Journal of Product Innovation Management, 2013, 31 (3), p417 – 433.

[26] Gereffi G., Korzeniewicz M., Commodity Chains and Global Capitalism [M]. Contemporary Sociology, 1994.

[27] George R., Kabir R., Qian J., Is Investment – Cash Flow Sensitivity a Good Measure of Financing Constraints? New Evidence from Indian Business Group Firms [J]. Center Discussion Dissertation, 2005, 49, p1 – 40.

[28] Grant R. M., The Resource – Based Theory of Competitive Advantage: Implications for Strategy Formulation [J]. California Management Review, 1991, 33 (3), p3 – 23.

[29] Grant R. M., Toward a Knowledge – Based Theory of the Firm [J]. Strategic Management Journal, 1996, 17 (S2), p109 – 122.

[30] Grossman G. M., Helpman E., Comparative Advantage and Long – Run Growth [J]. American Economic Review, 1990, 80 (4), p796 – 815.

[31] Guillen G., Badell M., Puigjaner L., A Holistic Framework for Short – term Supply Chain Management Integrating Production and Corporate Financial Planning [J]. International Journal of Production Economics, 2007, 106 (1), p288 – 306.

[32] Healy M., Perry C., Comprehensive Criteria to Judge Validity and Reliability of Qualitative Research within the Realism Paradigm [J]. Qualitative Market Research, 2000, 3 (3), p118 – 126.

[33] Hergert M., Morris D., Accounting Data for Value Chain Analysis [J]. Strategic Management Journal, 1989, 10 (2), p175 – 188.

[34] Hertzela G. M., Li Z., Officer M. S., Inter firm Linkages and the Wealth Effects of Financial Distress Along the Supply Chain [J]. Journal of Financial Economics, 2008, 87, p374 – 387.

[35] Hofmann E., Inventory Financing in Supply Chains: A Logistics Service Provider – Approach [J]. International Journal of Physical Distribution & Logistics Management, 2009, 9 (9), p716 – 740.

[36] Hofmann E., Supply Chain Finance: Some Conceptual Insights [J]. Deutscher Universitätsverlag, 2005, s, p203 – 214.

[37] Iansiti M., Levien R., Strategy as Ecology [J]. Harvard Business Review, 2004, 82 (3), p68 – 78.

[38] Holling C. S. Understanding the Complexity of Economic, Ecological, and Social Systems [J]. Ecosystems, 2001, 4 (5), p390 – 405.

[39] Jensen M. C., Meckling W. H., Theory of the Firm: Managerial Behavior, Agency Costs and Ownership Structure [J]. Social Science Electronic Publishing, 1976, 3 (4), p305 – 360.

[40] Johnson M. W., Christensen C. M., Reinventing Your Business Model [J]. Harvard Business Review, 2008, 87 (12), p52 – 60.

[41] Kale P., Dyer J. H., Singh H., Alliance Capability, Stock Market Response, and Long – Term Alliance Success: the Role of the Alliance Function [J]. Strategic Management Journal, 2002, 23 (8), p747 – 767.

[42] Kamath Ravindra, How Useful are Common Liquidity Measures? [J]. Journal of Cash Management, 1989 (1), p24 – 28.

[43] Kaplan S. N., Zingales L., Do Investment – Cash Flow Sensitivities

Provide Useful Measures of Financing Constraints? [J]. Quarterly Journal of Economics, 1997, 112 (1), p169 – 215.

[44] Kaplan S. N., Zingales L., Investment – Cash Flow Sensitivities are not Valid Measures of Financing Constraints [J]. Quarterly Journal of Economics, 2000, 115 (2), p707 – 712.

[45] Khurana I. K., Martin X., Pereira R., Financial Development and the Cash Flow Sensitivity of Cash [J]. Journal of Financial and Quantitative Analysis, 2006, 41 (4), p787 – 808.

[46] Kim H., Lee J. N., Han J., The Role of IT in Business Eco – systems [M]. ACM, 2010.

[47] Kouvelis P., Zhao W., The Newsvendor Problem and Price – Only Contract When Bankruptcy Costs Exist [J]. Production & Operations Management, 2010, 20 (6), p921 – 936.

[48] Krugman P., Scale Economies, Product Differentiation, and the Pattern of Trade [J]. American Economic Review, 1980, 70 (5), p950 – 959.

[49] Lamoureux J. F., Evans T. A., Supply Chain Finance: A New Means to Support the Competitiveness and Resilience of Global Value Chains [J]. Social Science Electronic Publishing, 2011, SSRN: https://ssrn.com/abstract = 2179944 orhttp://dx.doi.org/10.2139/ssrn.2179944.

[50] Leong Y. Y., Combining Resource – Based and Evolutionary Theory to Explain the Genesis of Bio – networks [J]. Industry and Innovation, 2008, 15 (6), p669 – 686.

[51] Lópezgracia J., Sogorbmira F., Financial Constraints and Cash – Cash Flow Sensitivity [J]. Applied Economics, 2015, 47 (10), p1037 – 1049.

[52] Lovell C. A. K. Production Frontiers and Productive Efficiency [C]. The Measurement of Productive Efficiency, 1993.

[53] Magretta J., Why Business Models Matter [J]. Harvard Business Review, 2002, 80 (5), p86 – 92.

[54] Marc Deloof, Does Working Capital Management Affect Profitability of Belgian Firms? [J]. Journal of Business Finance & Accounting, 2003 (2), p573-587.

[55] Mathis F. J., Cavinato J., Financing the Global Supply Chain: Growing Need for Management Action [J]. Thunderbird International Business Review, 2010, 52 (6), p467-474.

[56] Moore J. F., The Death of Competition: Leadership and Strategy in the Age of Business Eco-system [M]. Boston: John Wiley & Sons., Ltd, 1996.

[57] Myers S. C., Majluf N. S., Corporate Financing and Investment Decisions When Firms Have Information that Investors Do not Have [J]. Journal of Financial Economics, 1984, 13 (2), p187-221.

[58] Opler T., Pinkowitz L., Stulz R., et al., The Determinants and Implications of Corporate Cash Holdings [J]. Journal of Financial Economics, 1997, 52 (1), p3-46.

[59] O'Reilly T., What is Web 2.0: Design Patterns and Business Models for the Next Generation of Software [J]. Social Science Electronic Publishing, 2007, 97 (7), p253-259.

[60] Peppard J., Rylander A., From Value Chain to Value Network [J]. European Management Journal, 2006, 24 (2-3), p128-141.

[61] Pfohl H. C., Gomm M., Supply Chain Finance: Optimizing Financial Flows in Supply Chains [J]. Logistics Research, 2009, 1 (3), p149-161.

[62] Pulliam H. R., On the Relationship between Niche and Distribution [J]. Ecology Letters, 2000, 3 (4), p349-361.

[63] Raghavan N. R. S., Mishra V. K., Short-Term Financing in a Cash-Constrained Supply Chain [J]. International Journal of Production Economics, 2011, 134 (2), p407-412.

[64] Randall W. S., Ii M. T. F., Supply Chain Financing: Using Cash-to-Cash Variables to Strengthen the Supply Chain [J]. International Journal of Physical Distribution & Logistics Management, 2009, 39 (8), p669-689.

[65] Rumelt R. P., Strategy, Structure, and Economic Performance [J]. Journal of Behavioral Economics, 1975 (75), p91 - 92.

[66] Salhi S., Logistics and Supply Chain Management: Strategies for Reducing Costs and Improving Services [J]. Journal of the Operational Research Society, 1994, 46 (11), p1341.

[67] Soenen Luc A., Cash Conversion Cycle and Corporate Profitability? [J]. Journal of Cash Management, 1993 (3), p53 - 57.

[68] Steven Ongena, Maria Fabiana Penas, Bondholders' Wealth Effects in Domestic and Cross - border Bank Mergers [J]. Journal of Financial Stability, 2009 (5), p256 - 271.

[69] Sunil C., Supply Chain Management: Strategy, Planning, and Operation [M]. Pearson Education International, 2004, p222 - 234.

[70] Teece D. J., Explicating Dynamic Capabilities: the Nature and Micro - Foundations of (Sustainable) Enterprise Performance [J]. Strategic Management Journal, 2007, 28 (13), p1319 - 1350.

[71] Teece D. J., Business Models, Business Strategy and Innovation [J]. Long Range Planning, 2010, 43 (2 - 3), p172 - 194.

[72] Thangam A., Retailer's Inventory System in a Two - Level Trade Credit Financing with Selling Price Discount and Partial Order Cancellations [J]. Journal of Industrial Engineering International, 2014, 11 (1), p159 - 170.

[73] Vokurka R. J., Zank G. M., Iii C. M. L., Improving Competitiveness Through Supply Chain Management: A Cumulative Improvement Approach [J]. Competitiveness Review, 2002, 12 (1), p14 - 25.

[74] Xiaodong Xu, Birge J. R., Joint Production and Financing Decisions: Modeling and Analysis [J]. Ssrn Electronic Journal, 2004, http://dx.doi.org/10.2139/ssrn.652562.

[75] Xu L., Wang S. G., The Analysis of the Supply Chain Financing Model Based on the Accounts Receivable [C]. International Conference on Management

Science and Engineering. IEEE, 2009, p1329 – 1334.

[76] Yin R. K., A Review of Case Study Research: Design and Methods [J]. Thousand Oaks Ca Sage Publications, 2003, 5 (4), p206 – 207.

[77] Yin R. K., Applications of Case Study Research [M]. California: Sage Publications, 2012.

[78] Zhao L., Huchzermeier A., Operations – Finance Interface Models: A Literature Review and Framework [J]. European Journal of Operational Research, 2015, 244 (3), p905 – 917.

[79] Zhu F., Furr N., Products to Platforms: Making the Leap [J]. Harvard Business Review, 2016, 4, p1 – 8.

[80] 鲍旭红. 基于供应链金融的中小型企业融资渠道创新研究 [J]. 科技和产业, 2009, 9 (1): 74 – 77.

[81] 曹玉珊. 经营性营运资金管理效率与企业绩效的相关性——来自中国上市公司的经验证据 [J]. 当代财经, 2013 (8): 109 – 120.

[82] 曾江洪, 陈迪宇. 基于 DEA 的中小型企业债务融资效率研究 [J]. 经济理论与经济管理, 2008, V (1): 50 – 53.

[83] 成思危. 信息化与虚拟商务 [J]. 管理评论, 2014, 26 (7): 3 – 8.

[84] 程新章, 胡峰. 价值链治理模式与企业升级的路径选择 [J]. 商业经济与管理, 2005, (12): 24 – 29.

[85] 丁爱琴. 企业财务系统的耗散结构论 [J]. 财会通讯, 2003, (4): 12 – 15.

[86] 丁一兵, 傅缨捷, 曹野. 融资约束、技术创新与跨越"中等收入陷阱"——基于产业结构升级视角的分析 [J]. 产业经济研究, 2014 (3): 101 – 110.

[87] 窦亚芹, 朱金福. 资金约束供应链中的融资优化与营运管理协同决策研究 [J]. 管理工程学报, 2014, 28 (3): 156 – 163.

[88] 范倩倩, 赵琦, 翟淑萍. 我国矿业上市公司融资效率评价 [J]. 会计之友, 2012 (2): 70 – 74.

[89] 范保群, 王毅. 战略管理新趋势: 基于商业生态系统的竞争战略 [J]. 商业经济与管理, 2006 (3): 3-10.

[90] 范建平, 李景峰, 梁嘉骅, 等. 基于企业生态系统协同演化的管理研究 [J]. 经济管理, 2009 (6): 168-172.

[91] 方芳, 曾辉. 中小型企业融资方式与融资效率比较 [J]. 经济理论与经济管理, 2005, V (4): 38-42.

[92] 冯华, 陈亚琦. 平台商业模式创新研究——基于互联网环境下的时空契合分析 [J]. 中国工业经济, 2016 (3): 99-113.

[93] 冯瑶. 供应链金融: 实现多方共赢的金融创新服务 [J]. 新金融, 2008 (2): 60-63.

[94] 高山. 基于DEA方法的科技型中小型企业融资效率研究 [J]. 会计之友, 2010 (9): 86-88.

[95] 顾群. 供应链金融缓解融资约束效应研究——来自科技型中小型企业的经验证据 [J]. 财经论丛 (浙江财经大学学报), 2016, V207 (5): 28-34.

[96] 郭菊娥, 史金召, 王智鑫. 基于第三方B2B平台的线上供应链金融模式演进与风险管理研究 [J]. 商业经济与管理, 2014 (1): 13-22.

[97] 何瑛, 陈洋, 戴逸驰. 京东供应链融资模式及影响因素分析 [J]. 财务与会计, 2016 (17): 20-22.

[98] 胡跃飞. 供应链金融——极富潜力的全新领域 [J]. 中国金融, 2007 (22): 11-12.

[99] 胡跃飞, 黄少卿. 供应链金融: 背景、创新与概念界定 [J]. 财经问题研究, 2009 (8): 76-82.

[100] 胡竹枝, 李明月. 中小型企业融资效率评价 [J]. 华东经济管理, 2005 (2): 27-29.

[101] 黄毅. 基于DEA方法的小微企业融资效率分析 [J]. 财会通讯, 2016, 700 (8): 43-45.

[102] 赖荣华. 供应链金融发展对中小型企业融资的影响研究 [J]. 市场研究, 2014 (6): 25-28.

[103] 李宝宝, 李婷婷, 耿成轩. 供应链金融与中小型企业融资约束——以制造行业中小上市公司为例 [J]. 华东经济管理, 2016, 30 (11): 174-179.

[104] 李刚, 汪寿阳, 于刚, 等. 牛鞭效应与生产平滑模型有效性问题 [J]. 管理科学学报, 2004, 7 (1): 1-18.

[105] 李宏, 彭芳春. 供应链金融——中小型企业融资新途径 [J]. 湖北社会科学, 2008 (11): 101-103.

[106] 李连发, 辛晓岱. 外部融资依赖、金融发展与经济增长: 来自非上市企业的证据 [J]. 金融研究, 2009 (2): 73-86.

[107] 李瑞. 供应链融资模式分析 [J]. 商业经济研究, 2010 (31): 35-36.

[108] 李素梅, 陈琛, 徐继明. 我国新能源汽车产业融资效率评价与分析——基于 DEA - Logit 模型的实证研究 [J]. 科技管理研究, 2016, 36 (18): 57-63.

[109] 李晓西, 杨琳. 虚拟经济、泡沫经济与实体经济 [J]. 财贸经济, 2000 (6): 5-11.

[110] 李欣. 科技型中小型企业融资效率动态研究——基于 DEA - Malmquist 的指数方法 [J]. 财会通讯, 2015 (26): 34-36.

[111] 连玉君, 彭方平, 苏治. 融资约束与流动性管理行为 [J]. 金融研究, 2010 (10): 158-171.

[112] 梁运文, 谭力文. 商业生态系统价值结构、企业角色与战略选择 [J]. 南开管理评论, 2005, 8 (1): 57-63.

[113] 蔺元. 我国上市公司产融结合效果分析——基于参股非上市金融机构视角的实证研究 [J]. 南开管理评论, 2010, 13 (5): 153-160.

[114] 刘可, 缪宏伟. 供应链金融发展与中小型企业融资——基于制造业中小上市公司的实证分析 [J]. 金融论坛, 2013 (1): 36-44.

[115] 刘力昌, 冯根福, 张道宏, 等. 基于 DEA 的上市公司股权融资效率评价 [J]. 系统工程, 2004, 22 (1): 55-59.

[116] 刘芍佳, 孙霈, 刘乃全. 终极产权论、股权结构及公司绩效 [J].

经济研究，2003（4）：51 - 62.

[117] 刘长宏，王春晖，吴迪. 关于创建中小型企业"1 + N"授信模式的研究 [J]. 金融论坛，2008（2）：32 - 36.

[118] 鲁其辉，曾利飞，周伟华. 供应链应收账款融资的决策分析与价值研究 [J]. 管理科学学报，2012，15（5）：10 - 18.

[119] 牟伟明. 供应链金融与中小型企业融资约束研究——基于深市中小板上市公司的实证分析 [J]. 新智慧：财经版，2014（7）：11 - 15.

[120] 牛似虎，方继华，苏明政. 基于供应链金融的中小型企业绩效评价与实证 [J]. 统计与决策，2017（1）：64 - 66.

[121] 逄咏梅，宋艳. 营运资金管理效率与公司经营绩效分析 [J]. 财会通讯，2009（15）：6 - 7.

[122] 彭磊，郑晗. 我国汽车行业供应链金融模式研究 [J]. 金融与经济，2011（9）：32 - 34.

[123] 秦云霞. 企业供应链系统融资问题探讨——基于供应链金融视角 [J]. 财会通讯，2013（14）：10 - 11.

[124] 邵永同，陈淑珍. 基于DEA方法的我国上市生物医药企业融资效率实证研究 [J]. 科技管理研究，2013，33（2）：181 - 185.

[125] 沈红波，寇宏，张川. 金融发展、融资约束与企业投资的实证研究 [J]. 中国工业经济，2010（6）：55 - 64.

[126] 谈儒勇. 外部融资与企业成长关系的实证研究 [J]. 证券市场导报，2001（2）：23 - 26.

[127] 田歆，成思危，丁玉章，等. 基于美宜佳案例的零售虚拟企业模式研究 [J]. 管理学报，2009，6（4）：546 - 553.

[128] 田歆，丁玉章，汪寿阳. 虚拟零售企业模型与指数增长效应——美宜佳案例 [J]. 管理评论，2015，27（12）：217 - 223.

[129] 万良勇，廖明情，胡璟. 产融结合与企业融资约束——基于上市公司参股银行的实证研究 [J]. 南开管理评论，2015，18（2）：64 - 72.

[130] 汪传雷，王栋梓. 基于"平台 + 基地"的供应链金融模式分析 [J].

商业研究, 2014, 56 (10): 137-142.

[131] 汪寿阳, 敖敬宁, 乔晗, 等. 基于知识管理的商业模式冰山理论 [J]. 管理评论, 2015, 27 (6): 3-10.

[132] 汪寿阳, 乔晗, 胡毅, 等, 商业模式全景图 [M]. 科学出版社, 2016.

[133] 王坚强, 阳建军. 基于 DEA 模型的企业投资效率评价 [J]. 科研管理, 2010, 31 (4): 73-80.

[134] 王建, 何娟. 考虑外部系统性风险因素的供应链金融长期价格风险测度研究 [J]. 金融经济学研究, 2016 (4): 47-59.

[135] 王平. 基于 FAHP 的民营企业融资效率评价 [J]. 商业研究, 2006 (19): 114-117.

[136] 王松华, 胡敬新. 我国产融结合的发展现状及实证分析 [J]. 金融理论与实践, 2007 (5): 50-52.

[137] 王小宁, 都灵, 王起彤. 基于三阶段 DEA 模型的中小型企业融资效率分析 [J]. 统计与决策, 2016 (5): 179-182.

[138] 王彦超. 融资约束、现金持有与过度投资 [J]. 金融研究, 2009 (7): 121-133.

[139] 魏开文. 中小型企业融资效率模糊分析 [J]. 金融研究, 2001 (6): 67-74.

[140] 魏炜, 朱武祥, 林桂平. 基于利益相关者交易结构的商业模式理论 [J]. 管理世界, 2012 (12): 125-131.

[141] 吴海平, 宣国良. 价值网络的本质及其竞争优势 [J]. 经济管理, 2002 (24): 11-17.

[142] 谢朝斌, 董晨. 中小型企业融资问题研究 [J]. 经济管理, 2002 (3): 34-38.

[143] 熊婵, 买忆媛, 何晓斌, 等. 基于 DEA 方法的中国高科技创业企业企业运营效率研究 [J]. 管理科学, 2014, 27 (2): 26-37.

[144] 徐枫, 陈勇阳. 基于 DEA 方法的我国银行业支持低碳产业发展效

率研究 [J]. 科技管理研究, 2014, 34 (21): 233-237.

[145] 徐贤浩, 邓晨, 彭红霞. 基于供应链金融的随机需求条件下的订货策略 [J]. 中国管理科学, 2011, 19 (2): 63-70.

[146] 薛文广, 张英明. 供应链金融对中小型企业融资约束的影响 [J]. 财会月刊, 2015 (26): 86-89.

[147] 闫俊宏, 许祥秦. 基于供应链金融的中小型企业融资模式分析 [J]. 上海金融, 2007 (2): 14-16.

[148] 杨斌, 朱未名, 赵海英. 供应商主导型的供应链金融模式研究 [J]. 金融研究, 2016 (12): 175-190.

[149] 姚耀军, 董钢锋. 中小型企业融资约束缓解: 金融发展水平重要抑或金融结构重要?——来自中小型企业板上市公司的经验证据 [J]. 金融研究, 2015 (4): 148-161.

[150] 韵江, 刘立, 高杰. 企业集团的价值创造与协同效应的实现机制 [J]. 财经问题研究, 2006 (4): 79-86.

[151] 占济舟, 张福利, 赵佳宝. 供应链应收账款融资和商业信用联合决策研究 [J]. 系统工程学报, 2014, 29 (3): 384-393.

[152] 张纯, 吕伟. 机构投资者、终极产权与融资约束 [J]. 管理世界, 2007 (11): 119-126.

[153] 张伟斌, 刘可. 供应链金融发展能降低中小型企业融资约束吗?——基于中小上市公司的实证分析 [J]. 经济科学, 2012 (3): 108-118.

[154] 张晓霞. 商业银行应收账款融资业务实践与发展模式探讨 [J]. 金融发展研究, 2008 (11): 58-61.

[155] 赵道致, 李广. 网络组织向商业生态系统的进化 [J]. 工业工程, 2005, 8 (1): 24-28.

[156] 赵萌. 基于 DEA - Malmquist 指数的企业盈利能力评价研究——以财产保险行业为例 [J]. 财会通讯, 2014 (20): 20-21.

[157] 赵守国, 孔军, 刘思佳. 基于 DEA 模型的陕西上市公司融资效率分析 [J]. 中国软科学, 2011 (s2): 245-253.

[158] 朱南, 谭德彬. 我国财务公司资金使用效率、动态变化及影响因素研究——基于DEA方法的实证分析 [J]. 金融研究, 2015 (1): 177-192.

[159] 邹宗峰, 佐思琪, 张鹏. 大数据环境下的数据质押供应链融资模式研究 [J]. 科技管理研究, 2016, 36 (20): 201-205.

后　　记

　　感谢在本书出版过程中提供帮助的各位老师、朋友，他们的很多宝贵意见极大地完善了本书的研究内容和研究价值。最后，感谢家人默默无私的付出，是他们作为坚强的后盾，使得本书能够顺利出版。

作　者